CAROLINE MARKOLIN
DIE GROSSVÄTER SIND DIE LEHRER

Für Thomas Bernhard

CAROLINE MARKOLIN

DIE GROSSVÄTER
SIND DIE LEHRER

Johannes Freumbichler und sein Enkel
Thomas Bernhard

Otto Müller Verlag Salzburg

ISBN 3-7013-0731-8
© 1988 OTTO MÜLLER VERLAG SALZBURG
Rechte der Abbildungen vorbehalten.
Satz: Verlag Politisches Archiv, Landshut
Druck und Bindung: Wiener Verlag, Himberg

INHALT

VORWORT

Was verknüpft man mit dem Namen Johannes Freumbichler? Ist er ein Heimatdichter der Zwischenkriegszeit und der Österreichische Staatspreisträger von 1937? Oder denkt man an den «Großvater» in der Autobiographie von Thomas Bernhard?

Im Nachlaß Freumbichlers, den das Salzburger Literaturarchiv bewahrt, liegt neben unveröffentlichten Manuskripten und zahlreichen Notizbüchern sein umfangreicher Briefwechsel. Die Briefpartner sind Freunde und Verwandte. Aus ihrem Blickwinkel bringen sie uns den Schriftsteller und den Menschen im privaten Kreis näher.

Im Laufe des Lesens der vielen Briefe und Karten entfaltet sich ein bewegtes und bewegendes Leben, das für sich so einzigartig ist, daß es alle starren Etikettierungen zurückdrängt.

Mein Lebensbild von Johannes Freumbichler möchte die Mitteilungen in einen Zusammenhang stellen und die Wesenheit der Briefe ohne Auslegung weitergeben. Ich erlaube mir auch keine Wertungen oder Vermutungen.

Was unvollständig erscheinen könnte, ist das, was in den Briefen nicht aufscheint. Die geistige Stimmung der Zeit schließe ich in diese Biographie nicht ein. Johannes Freumbichler hat abgewendet und abgeschlossen von der Gesellschaft gelebt und geschrieben. Nur wenige Menschen konnte er lieben.

Die Seelenverwandtschaft mit seinem Enkel hat Thomas Bernhard in seiner Autobiographie bezeugt.

Auszüge aus diesen Erinnerungen sollen das Leben Johannes Freumbichlers hier begleiten.

Herr Fabjan hat wohlwollend dazu beigetragen, daß dieses «Lebensbild» bekannt werden kann. Ich danke ihm für die Bilder und seine freundliche Teilnahme am Entstehen des Buches.

Salzburg, im Oktober 1987 *Caroline Markolin*

Die Großväter sind die Lehrer, die eigentlichen Philosophen jedes Menschen, sie reißen immer den Vorhang auf, den die andern fortwährend zuziehen. Wir sehen, sind wir mit ihnen zusammen, was wirklich ist, nicht nur den Zuschauerraum, wir sehen die Bühne, und wir sehen alles hinter der Bühne. Die Großväter erschaffen seit Jahrtausenden den Teufel, wo ohne sie nur der liebe Gott wäre. Durch sie erfahren wir das ganze vollkommene Schauspiel, nicht nur den armseligen verlogenen Rest als Farce. Die Großväter stecken den Enkelkopf da hin, wo es mindestens etwas Interessantes, wenn auch nicht immer Elementares zu sehen gibt, und erlösen uns durch diese ihre fortwährende Aufmerksamkeit auf das Wesentliche aus der trostlosen Dürftigkeit, in welcher wir ohne Großväter zweifellos bald ersticken müßten. Mein Großvater, mütterlicherseits, errettete mich aus der Stumpfheit und aus dem öden Gestank der Erdtragödie, in welcher schon Milliarden und Abermilliarden erstickt sind (Thomas Bernhard, Ein Kind, S. 27/28)

«Es war schönes Frühlingswetter, Bäume, Quellen und überall arbeitende Bauern auf den Feldern mit ihren treuherzigen Grüß Gott. Trotzdem faßte mich eine schwermütige Stimmung: ich wandelte mit meinem singenden und springenden Enkelkind einen Weg, der von den Schauern und Geheimnissen meiner eigenen Kindheit umweht war. Ich bin diesen Weg gewandert zu den verschiedensten Zeiten, in den verschiedensten Lebenslagen . . . aber immer leuchteten mir zwei helle Sterne entgegen, und diese Sterne hießen: Vater und Mutter . . .»

(Johannes Freumbichler, Karfreitag 1936)

Mein Großvater entstammte einer Bauern-, Krämer- und Gastwirtefamilie, sein Vater hatte erst mit zwanzig Jahren mühselig angefangen zu schreiben und an seinen Vater aus der Festung Cattaro einen Brief geschrieben, von dem er behauptete, er sei von seiner Hand, was mein Großvater immer anzweifelte. Das jahrzehntelange Ausschenken von Bier und das Kosten der von den Bauern auf ihren Zweirädern herbeigeschafften Butter sowie das fortwährende Spekulieren mit Grundstücken und Gebäuden waren ihm schon in den ersten Lebensjahren verdächtig gewesen, das Einkauf-Verkaufsdenken, das doch auf nichts anderes hinauslief als auf eine reine Vermögensansammlung, und er hatte schon gegen zwanzig auf alles, was da auf ihn zukommen sollte, verzichtet. (Ki 46)

Aber ich will nur sagen, daß die Kaufmannstradition bei den Unseren eine uralte Tradition ist, der Vater der Tante Rosina und also der Vater meines Großvaters und also mein Urgroßvater war, wie es noch auf dem Grabstein in Henndorf zu lesen steht, tatsächlich ein sogenannter Großhändler *gewesen, der die Butter und das Schmalz der Flachgauer Bauern auf den Wiener Naschmarkt geliefert hat und mit dieser Tätigkeit nicht nur im ganzen Flachgau als* Schmalzsepp *berühmt, sondern auch ein wohlhabender Mann geworden ist. Viele Flachgauer wissen auch heute noch, was unter dem Begriff* Schmalzsepp *zu verstehen ist, und das Wort* Schmalzsepp *macht den Flachgauern, wenn sie wissen wollen, wer und woher ich sei, im Augenblick und mit dem größten Respekt meine Herkunft klar. (Ke 129)*

Zuerst sollte er, nachdem sein älterer Bruder an die grauenhafte Försterei verloren gewesen war, wie sein Vater Buttergroßhändler, Gastwirt, Grundstückespekulant sein. (Ki 55)

10

... Johannes Freumbichler wurde am 22. Oktober 1881 in Henndorf am Wallersee geboren.

Die Gegend um Henndorf war schon die Heimat seiner Vorfahren. Der Vater, Josef Freumbichler (* 14.3.1830), kam aus Michaelbeuern. Er war neun Jahre Kanonier im damaligen österreichischen Kriegshafen Cattaro. Danach arbeitete er beim Bahnbau, bis er mit seiner Frau Maria Freumbichler, geb. Langer (Jahrgang 1850), nach Henndorf in das sogenannte Binderhaus zog. Die Mutter Johannes Freumbichlers war eine Bauerntochter aus dem in der Nähe von Henndorf gelegenen Ort Eling. In Henndorf eröffnete Josef Freumbichler ein Gemischtwarengeschäft, und es gelang ihm, den Handel mit Butter bis Wien auszudehnen.

Johannes Freumbichler interessiert sich nicht für den Beruf des Kaufmanns. Nach der Volksschule in Henndorf will er in Salzburg die Realschule machen.

SALZBURG

1895 beginnt Johannes Freumbichler mit der Realschule in der Schrannengasse. Er wohnt dort bis September 1901 im Internat. Im Herbst 1901 übersiedelt er in die Gstättengasse, Stieglbräukeller. Im Februar und März 1902 hat er ein Zimmer in der Späthgasse 8, Riedenburg.

Die Mutter schickt ihm, soweit es ihr möglich ist, Geld und Lebensmittel. Neben der Schule arbeitet er im

Schon mein Großvater war von diesen seinen salzburgischen Verwandten zutiefst getäuscht und enttäuscht gewesen, sie hatten ihn in allem und jedem nur hintergangen gehabt und in tiefstes Unglück gestürzt, wo er geglaubt hatte, sich hilfesuchend an sie wenden zu können, anstatt Rückhalt bei diesen zu haben in der Zeit seiner eigenen studentischen Ausweglosigkeit. (U 60)

Stieglbräukeller. Mit der Familie ist Johannes Freumbichler auch durch seinen älteren Bruder Rudolf (Jahrgang 1874) in Verbindung. Die Brüder sind in vielen Wesenszügen seelenverwandt.

Auch Rudolf Freumbichler liegt nichts am Geschäft der Eltern. Am 31. September 1901 schreibt er an seinen Bruder: «Werde jetzt alle Mittel ergreifen, um Henndorf verlassen zu können, es ist Zeit, ich muß fort, denn ich bin krank . . . Was ich heute den ganzen Tag gelitten, kein Mensch weiß, keiner erfährt es, der nicht selbst an großer Nervosität leidet, bei mir begleitet von dieser ungeheuren krankhaften Furcht . . . Wie oft ich heute zusammenzuckte in meinem Innern, hundertmal, wenn sich die Thür in das Magazin bewegte, wenn wieder jemand mit Butter kam, was ich dabei litt, wenn ich diese Leute ansprechen mußte, wenn ich ein Kind weinen höre, es ist furchtbar.» (1901/1). Als sich ein 22-jähriger Lehrer aus Henndorf das Leben nimmt, erklärt er: «was der gethan, werde ich auch noch thun, nur der Gedanke an Dich und die Mutter hat mich vor kurzem abgehalten.» (ebd.)

Rudolf Freumbichler bewirbt sich um eine Försterstelle in der Nähe von Salzburg. Aber alle Versuche sind vergebens. Die ständigen Abweisungen machen ihn noch ruheloser und schwermütiger. Deshalb fährt er am 29. Dezember 1901 zu seiner Schwester Marie (* 25.3.1875) nach Wien. Sie lebt mit ihrem Mann Ferdinand Russ (* 17.6.1872) und den beiden Kindern Fernanda (* 10.1.1899) und Roland (* 18.3.1900) in der Neustiftgasse 73, Wien VII.

Wie die Brüder Johannes und Rudolf wollte auch Marie nicht in Henndorf bleiben. Ihr Mann, der

Auch seine ältere Schwester, Marie, hatte diesen stupiden Mechanismus als eine Zumutung durchschaut und in jungen Jahren einen sogenannten Kunstmaler aus Eger geheiratet, der später in Mexiko eine Berühmtheit geworden ist. (Ki 46)

Ein älterer Bruder meines Großvaters, Rudolf, hatte Zuflucht im Forst gesucht und als Förster der gräflich uiberackerischen Waldungen rund um den Waller- und den Mondsee Selbstmord begangen mit zweiunddreißig. Immerhin, weil er »das Unglück der Welt nicht länger ertragen« hatte können, wie er auf einem handgeschriebenen Zettel vermerkte, den man neben seiner Leiche und dem an der Leiche wachenden Dackel gefunden hatte. (Ki 47/48)

14

ebenfalls aus Henndorf stammt, wurde von ihrer Familie nie gern gesehen, weil er ständig verschuldet war (1903/5). Sie zog mit ihm nach Wien und eröffnete dort ein Geschäft.

Ferdinand Russ ist Maler und arbeitet als Restaurateur für einen Kunsthändler (1901/8). Seine Schwester Marie war die Jugendfreundin von Johannes Freumbichler, als er noch zu Hause in Henndorf war (1902/17).

Im Jänner 1902 versucht Rudolf Freumbichler von Wien aus, einen Jägerposten auf dem Land zu bekommen. Vorläufig verdient er Geld durch Schneeschaufeln (1902/18). Als er in diesem Monat wieder nichts erreicht, zieht er im Februar 1902 mit der Familie Russ in die Mollardgasse 14/2/13, Wien VI. Marie mußte das Geschäft aufgeben und sucht jetzt auch Arbeit. In einem Brief an Johannes Freumbichler dokumentiert sie, daß in der Schulerstraße, wo die Zeitungen herausgegeben werden, tagsüber 400 bis 500 Arbeitslose «durch Noth, Hunger und Elend aller Art herabgekommen» (1902/15) warten. Marie Russ weicht aus und macht sich selbständig. Sie erwirbt die Konzession für Ausspeiserei und kocht jeden Tag für zirka 15 Personen (1902/16).

Rudolf Freumbichler gelingt es auch in den nächsten Wochen nicht, als Jäger unterzukommen (1902/17 u. 20). Er ist mutlos, weil nur «Projektierte» (sic!) eine Arbeit finden (1902/18). Enttäuscht von den «Großen und Reichen» schreibt er am 4. Februar 1902 an Johannes Freumbichler aus seiner Sicht als Kommunist: Die Armen «können sich keinen Haushalt gründen, sie werden von niemandem *geliebt,* der Reiche verdrängt

Von dem Bruder meines Großvaters, dem Revierförster, von welchem ich mehrere Fotografien habe, ist mir von meinem Großvater überliefert, daß er sich auf der höchsten Erhebung des Zifanken mit seinem Gewehr erschossen und an der Selbstmordstelle einen Zettel hinterlassen hat, auf den er sozusagen als Begründung seines eigenhändigen Lebensabschlusses geschrieben hatte, daß er sich erschieße, weil er das Unglück der Menschen nicht mehr ertragen könne. *(Ke 127/128)*

16

den gewöhnlichen Arbeiter überall, o ihr Hunde, Hündlein, Pferde, Papageien u.s.w. wie seid ihr zu beneiden die ihr bei den Reichen seid, o ihr reichen Dreckseelen, wie behandelt ihr das höchste Tier den Menschen, gegen diese. Der Diener ist kein Glied in eurer Familie, sondern ein euch notwendiges Übel, das ihr haben müßt, zum quälen.» (1902/18).

In seinem wachsenden Menschenhaß sucht er bei seinem Bruder die letzte Stütze. Mit ihm gemeinsam will er sich die Freiheit erkämpfen. Am 4. Februar 1902 schreibt er ihm: «Lieber Bruder, gehen wir in die böhmischen Wälder, – nein gehen wir nach Italien dort ist es warm, in die Berge, wenn Du frei sein willst. – Frei bis zum Tod.» Oder: «Sterben wollen wir mitsammen, niemals werden wir uns verlassen, die Menschen sind schlecht, auch die Weiber . . . Wer seine Sache durchführt ist ein Mann u. wer zu sterben weiß . . . Bist Du nicht einverstanden, so haben wir auseinandergehende Wege, dann Lebewohl!» (1902/18).

Am 7. März 1902 begeht Rudolf Freumbichler Selbstmord.

In Salzburg ist Johannes Freumbichler mit einem Mädchen aus Mattighofen befreundet. Cilli Reitsperger hat ein Untermietzimmer bei der Familie, wo sie als Haushälterin arbeitet (1901/6). In den Ferien, die Freumbichler bei den Eltern in Henndorf verbringt, schickt er dem Mädchen zahlreiche Briefe und Gedichte (1901/5). Noch am Tag des Selbstmordes seines Bruders sendet Freumbichler der Freundin ein Telegramm mit der Todesnachricht. Ab diesem Augenblick beginnt Cilli Reitsperger zu zweifeln. Sie schreibt sofort zurück: «Gell, lieber Hans, Du willst mich nicht mehr

... daß es der kostbarste Besitz des Menschen sei, sich aus freien Stücken der Welt zu entziehen durch Selbstmord, sich umzubringen, wann immer es ihm beliebe. Er selbst hatte lebenslänglich mit diesem Gedanken spekuliert, es war seine am leidenschaftlichsten geführte Spekulation, ich habe sie für mich übernommen. Jederzeit, wann immer wir wollen, sagte er, können wir Selbstmord machen, möglichst auf das ästhetischste, sagte er. Sich aus dem Staub machen können, sagte er, sei der einzige tatsächlich wunderbare Gedanke. (Ki 30)

In Salzburg sei er auf den Geschmack gekommen: Schopenhauer, Nietzsche, ich wußte gar nicht, daß es so etwas gibt, *sagte er. (Ki 56)*

in die Angst versetzen, denn Du hast ja auch schon öfters solche Gedanken gehabt Dir das Leben zu nehmen. Wenn Dich nicht der Gedanke an Deine liebe Mutter zurückgehalten hätte. Ich konnte mir nichts anders denken als daß Du mich gar nicht gern hast, denn sonst könntest Du so was nicht übers Herz bringen.» (1902/21). Unter dem Einfluß der Eltern und aus Angst, der Freund könnte auch Selbstmord begehen, trennt sich Cilli Reitsperger von ihm: «Als meine Eltern von dem tragischen Ende Deines Bruders erfuhren u. noch dazu Deinen Brief wo Du geschrieben hast, er war ein Held seiner Taten . . . so warnten mich meine Eltern mit Dir noch ein weiteres Verhältnis zu führen. Mich hat es sehr aufgeregt, indem auch Du öfters gesagt hast Du wirst Dich . . . So möchte ich nicht mehr in einer solch peinlichen Lage sein, von Dir das gleiche Ende zu erleben.» (1902/22, 23.10.1902).

Während der Realschulzeit gehört Johannes Freumbichler einer Burschenschaft, dem «Eisernen Ring» (CH = Cheruskia), an. Ihr verbindender Gedanke ist die Freiheitsidee: «Wir Bundesbrüder, wir wollen wie unser Schiller sagt: Hinaus ins feindliche Leben. Woll'n wirken und schaffen, das Glück zu erraffen» (1902/45), heißt einer der Wahlsprüche. Zu den in den Briefen angeführten «Brüdern» gehören Sieghart, Rüdiger, Tuisko und Gieselher. Freumbichlers Burschenname ist «Werinhard». Gieselher ist sein Freund. Dessen wirklicher Name ist Rudolf Kasparek.

Kasparek wurde am 29.3.1884 in Graz geboren. Die Mutter ist schon früh gestorben (29.3.1893). Der Vater lebte mit den Kindern in Hallein. Als auch seine zweite Frau starb, fühlte er sich «körperlich und geistig

gebrochen» und durch die «Niedertracht der Menschen» (1902/34) zu schwach, um für sich und die Kinder weiter sorgen zu können. Rudolf übernimmt als ältester Sohn die Verantwortung.

Die Familienverhältnisse belasten ihn sehr. Er braucht den Freund mehr und mehr. Aber auch er ist für Johannes Freumbichler da. In der Krisenzeit mit Cilli Reitsperger rät ihm Kasparek, sich der «Bruder- und Freundesliebe» (1902/26) zuzuwenden, denn er selbst habe aus einer Enttäuschung über ein Mädchen Trost in der Freundschaft gefunden. Rückblickend schreibt er: «Du weißt ja gewiß noch jenen Tag, an dem ich verstört, verweint, beinahe gebrochen zu Dir kam und Dich bat um alles in der Welt mit mir zu gehen.» (1902/34).

ALTENBURG

Im April 1902 wechselt Johannes Freumbichler die Schule. Er geht nach Altenburg in Sachsen, um dort das Technikum zu machen. Seine Adresse ist: Karlstraße 6/2. Die Mutter zahlt ihm monatlich 30 fl. Studiengeld (zum Vergleich: Marie bezahlt für die Wohnung in Wien 120 fl. vierteljährlich, 1902/12). Sie bittet ihn in jedem Brief zu sparen, weil mit dem Butter- und Schmalzhandel fast nichts zu verdienen sei. Mit sparen meint sie: kein Bier trinken, nicht zu viele Bücher kaufen und die Gesellschaft meiden, denn sie bringt nur Verdruß (vgl. 1902/5–14). Auch die jüngere Schwester

Die jüngere Schwester meines Großvaters, Rosina, war zuhause geblieben, ein echtes, ein richtiges Kind der Idylle, unfähig, auch nur zehn Kilometer aus Henndorf wegzureisen, die in ihrem Leben niemals in Wien, aber wahrscheinlich auch niemals in Salzburg gewesen war und die ich drei- oder vierjährig und noch viel später als Regentin ihres Einkaufs- und Verkaufsimperiums bewunderte. (Ki 47)

Alle, bis auf Rosina, waren sie flüchtig, hatten genug von dem Gleich- und Leerlauf der Dorfexistenz. (Ki 48)

Das Krämermilieu war mir nicht neu, die Schwester meines Großvaters mütterlicherseits, Rosina, hatte im Hause ihrer Eltern in Henndorf eine sogenannte Gemischtwarenhandlung, und es gehörte zu den Höhepunkten meiner Kindheit, in der Gemischtwarenhandlung meiner Tante dabei zu sein, wenn sie bediente. (Ke 126/127)

Rosina läßt manchmal ohne Wissen der Mutter dem Bruder Geld zukommen.

Rosina Freumbichler (* 27.2.1878) führt mit der Mutter das Lebensmittelgeschäft und eine Fremdenpension. Der Vater ist 72 Jahre alt. 1902 hat Rosina Freumbichler schon einen sechsjährigen Sohn, Sebastian (* 29.12.1894); 1909 heiratet sie Josef Schlager.

In Altenburg ist Johannes Freumbichler mit Hans Sedletzky bekannt. Mit ihm kann er über Literatur sprechen, und Sedletzky legt ihm «Quo vadis» von Sienkiewicz und Spielhagens «Freigeborene» nahe (Undat. an JF/2). Mit Salzburg hält Freumbichler die Verbindung, indem er Gedichte für den «Eisernen Ring» schreibt (1902/41).

Rudolf Kasparek ist ohne den Freund sehr allein (1902/31). Zahlreiche Briefe sollen die gewohnten Gespräche über die Freiheit, die Kunst und das Leben ersetzen. Die Trennung bewirkt aber eine so starke Bindung, daß Kasparek glaubt, mehr als Freundschaft für Johannes Freumbichler zu fühlen. Er schreibt ihm: «Das Gefühl, das ich für Dich trage, kann ich Dir nicht erklären. Alles, wenn ich wirklich noch einmal lustig werden kann, kurz alles Edle und Schöne habe ich Dir zu verdanken, durch Dich wurden Gefühle in mir wiedererwärmt, erweckt, die sich nie mehr in mir geregt hätten, denn ich zweifelte meist an Allem. Es ist Dank, es ist Zuneigung, Freundschaft und doch wieder alles zusammen es ist, versteh mich oder nicht, es ist etwas von *Liebe* in meinem Gefühl für dich. Könnt ich doch bei Dir sein, ich weiß, ich könnte die Liebe selbst eines Mädchens leicht entbehren.» (1902/24).

Freumbichler empfindet auch so. Er schreibt für den

Freund Gedichte, in denen er ihn «schön, in jeder Beziehung» (1902/32) macht. In dieser Zeit lesen beide Bücher über gleichgeschlechtliche Liebe (ebd.). Zugleich stärkt einer den anderen in seinen Freiheitsidealen. Kasparek: «Wir wollen, schreibst Du, auch Idealisten sein. Aber wir warten nicht und stehen mutig dabei, nein wir wollen die idealen Träume die unsere jugendlichen Herzen erfüllen, verwirklichen und unsere ganze Kraft dieser Arbeit weihen.» (1902/43).

Neben der Freiheit ist die Liebe der höchste Wert. Liebe als weltumfassende Idee, die dem Leben zugrunde liegt. «Die Liebe hat die Welt gebaut» erklärt Kasparek (1902/33). Wenn er Freumbichler Mut zusprechen will, dann sagt er ihm: «. . . es bleibt ja eine Hoffnung noch – die Liebe» (1902/23). Weil der Vater keiner Arbeit nachgehen kann, lebt Kasparek in ärmsten Verhältnissen. Er aber meint: «Verlange ich Reichtum? Nah! Es gibt ein höheres Glück . . . Ich habe Dich, brauche ich noch mehr als eine treue, liebende Seele!» (1902/30). Im November 1902 verlieren die Kaspareks durch einen Betrüger ihren gesamten Besitz (1902/37). Aber das bringt ihn nicht aus dem Gleichgewicht, denn er weiß auch: «Das Leben ist kein Traum, es ist ein ewiges entsetzliches Erwachen» (1902/39).

Lebensbejahend antwortet er auf wiederholte Selbstmordgedanken von Johannes Freumbichler: «Und nun zu Deinem Testament. Mensch! Was ist Dir denn damals in den Kopf geschossen. Sterben – so ein Unsinn. Du, wir leben noch lange! Das wird noch eine helle Freude!» (1902/41).

Wie Freumbichler schreibt auch Kasparek Gedichte (1902/31). Sehr früh entdeckt er aber im anderen die

. . . meine Großmutter, hatte mir ja oft und oft und immer wieder
von ihrer entsetzlichen Kindheit und Jugend in dieser für sie
nichts als entsetzlichen Stadt und unter diesen wie die Stadt
kalten Menschen als Verwandten berichtet, sie hatte alles eher
als eine erfreuliche Kindheit in ihrem Zuhause gehabt, so war es,
nachdem sie, als sie siebzehn Jahre alt gewesen war, von ihren
Eltern, einem Großhändlerehepaar, mit einem wohlhabenden
vierzigjährigen Salzburger Schneidermeister verheiratet worden
war, selbstverständlich gewesen, aus dieser ihr aufgezwungenen
Ehe, aus welcher drei Kinder hervorgegangen waren, über Nacht
auszubrechen und meinem Großvater, den sie, aus ihrer
Wohnung zum Priesterhaus in der Priesterhausgasse hinüber-
schauend kennengelernt hatte, nach Basel zu folgen, um ihn, der
kein einfacher Mann *gewesen war, das ganze Leben zu*
begleiten, sie hatte ihre Kinder zurückgelassen, nur um von
diesem ungeliebten, ihr immer unheimlich brutalen Mann
wegzukommen, im Alter von erst einundzwanzig Jahren, aus
jener Dreikinderehe, die nichts anderes als ein Geschäft gewesen
war. (U 133)

26

größere Begabung: «Und Du mein Lieber, glaub es mir, in Dir liegt ein göttlicher Funke. Heute bitte ich Dich inständig, gebe Dich nie dem Gedanken hin, Du dürftest Deinen innig ausgeprägten Gefühlen nicht freien Raum lassen, um sie der Nachwelt als herrlichstes Geschenk zu hinterlassen» (1902/43).

Kasparek unterrichtet Freumbichler über Neuigkeiten von den anderen Mitgliedern des Bundes.

Tuisko wohnt in Salzburg in einem Untermietzimmer bei Frau Bernhard (* 20.6.1878, geb. Schönberg) in der Wolf Dietrich-Straße. Ihr Mann, Karl Bernhard, ist Schneider. Sie haben zwei Kinder. Die Frau findet jedoch in dieser Ehe keine Erfüllung. Sie verliebt sich in Rudolf Kasparek, der Tuisko öfters besucht. Kasparek kann aber diesen Gefühlen nichts entgegenbringen. Voll Mitgefühl für die junge Frau schreibt er im November 1902 an Freumbichler: «Sie ist ein edles gutes Geschöpfchen, fast noch ein Kind so unschuldig und rein. Sie klagte mir unter Schluchzen ihr ganzes Leid. – Man hatte sie, fast noch ein Kind, einem Manne gegeben, den sie, die früher immer zurückgesetzt war, zu lieben glaubte. . . Kurz, sie heiratete mit 17 Jahren ohne eine bloße Ahnung von jenen ihr grenzenlos greulichen Verpflichtungen zu haben. Sie wurde Mutter, war glücklich über ihr Kind – und ihr Gatte? Er hatte nie, nie ein liebes Wort, geschweige denn ein Geschenk für sie. Er erlaubt ihr nicht, daß sie ein Buch in die Hand nimmt!» (1902/40).

Kasparek will das «arme schuldlose Ding» (ebd.) nicht im Stich lassen. Gemeinsam mit Tuisko möchte er Anna Bernhard helfen (1902/43).

ILMENAU

Im März 1903 übersiedelt Johannes Freumbichler nach
Ilmenau in Thüringen, um dort eine Schule für
Elektrotechnik zu besuchen. Er wohnt von Mitte März
bis Juni 1903 in der Alexanderstraße 23, in den
Sommermonaten Am Zeihenhaus 9/1, von September
1903 bis Jahresende in der Marienstraße 14/2.

Im Jänner 1903 wurde Rudolf Kasparek aus der
Realschule in Salzburg hinausgeworfen. Der Grund:
Man wollte nicht «zugeben», daß der Schüler ins
Gasthaus essen ging und ein Untermietzimmer mit
eigenem Eingang hatte (1903/25). Der Vater war nicht
in der Lage, die Aufsichtspflicht in Salzburg zu
übernehmen. Das Internat war zu teuer. Kasparek gibt
das Zimmer auf und zieht zu seiner Familie nach
Hallein. Er weiß jetzt selbst nicht, wie es mit ihm
weitergehen soll; für das Technikum in Steyr fehlt das
Geld. Kasparek bittet Johannes Freumbichler, ihm seine
Meinung «über die einzuschlagende Laufbahn» mitzu-
teilen (1903/29). Freumbichler macht ihm den Vorschlag, zu ihm nach Ilmenau zu ziehen und dort die
Technikerschule zu machen. Kasparek ist von dieser
Idee begeistert, aber es macht ihn unruhig, daß plötzlich
ein Wiedersehen mit dem Freund in Aussicht steht, er
aber keine Möglichkeiten sieht, zu ihm zu kommen:
«Ich bin es mir selbst und Dir schuldig, nicht ja zu
Vorschlägen zu sagen, deren Verwirklichung mir
ungewiß, ja noch mehr, vielleicht unmöglich ist . . .
Wenn ich Dir mit einem endgültigen Ja antworte, so
wird es mich tief erschüttern, wenn eines Tages die

große Unmöglichkeit (zu Dir zu gehen) an mich herantritt.» (1902/32).

Nach vielen Überlegungen beschließt Kasparek, mit sich selbst ins reine zu kommen: «sehen muß ich nun einmal, ob ich moralische Kraft genug in mir besitze, um das, was ich in vielen schwärmerischen Nächten emporgejubelt habe zu den Sternen auch zu verwirklichen» (1903/31). Die Gespräche mit Freumbichler über die Freiheit sollen nicht leere Worte sein. Jetzt will er alles tun, um diese Gedanken umzusetzen: «Ich fürchte nicht mehr des Schicksals Tücke, sondern trotzig unbeugsam will ich sein, kraftvoll und unerschrocken! Komme es wie immer. Ich habe dieses ‚sich schützen‘ vor den kommenden Gefahren nun satt, gerade das Gegenteil will ich. Heraufbeschwören werd ich sie, wo ich nur kann!» (1903/31).

Am 14. März 1903 bittet Kasparek das Technikum in Ilmenau um den Anmeldeschein. Der Vater will von diesem Vorhaben seines Sohnes nichts wissen. Als er ihm aber «Unmut und Verbitterung aus den Augen abliest» (1903/37), schickt er selbst die Anmeldung nach Ilmenau mit der Hoffnung, daß sie abgelehnt wird.

Am 13. April 1903 erhält Johannes Freumbichler ein Telegramm mit der Nachricht: «Ankomme morgen 10 h 18 mittags. Kasparek» (1903/35).

Rudolf Kasparek zieht zu Freumbichler in die Alexanderstraße 23. Der Wunsch der Freunde, zusammen zu leben, gemeinsam zu studieren, geistvolle Gespräche zu führen und zu schreiben, ist erfüllt.

Von Ilmenau aus bleibt Kasparek mit Tuisko und Frau Bernhard in Verbindung. Über Vermittlung von Kasparek schreibt Freumbichler am 9. September 1903

Ilmenau, den 9. Sept. 93.

Liebe Frau Bernhardt!

Vergeben Sie mir,
wenn ich erst heute dazu
komme, auf Ihre... mir
mich zu erwiedern.
Aber Ihr Vertrauen gezeigt, fühle
ich mich schon lange gedrängt,
an Sie zu schreiben.
Denken Sie, ich befinde mich
jetzt gerade in Stimmung
und plaudern mit Ihnen
über Etwas und jenes. — —

an sie: «Liebe Frau Bernhardt! . . . Durch ihr Vertrauen geehrt, fühle ich mich schon lange gedrängt, an Sie zu schreiben . . . Ich kenne Sie nicht, weder ihr Aussehen, noch ihre Gestalt . . . Ich habe Sie auch nie gesehen, obwohl Sie dies glauben. Als ich damals in Tuiskos Zimmer saß, und Sie hereinkamen, hatte ich so rasende Kopfschmerzen, daß sich das ganze Zimmer, und Sie mit, wie im Wirbel um mich drehte. – Im November vorigen Jahres tauchten Sie plötzlich . . . kometenhaft . . . in meinem Vorstellungskreise auf.» (1903/39).

Freumbichler schickt ihr auch Gedichte. Auf ihre Frage, was diese bedeuten, antwortet er: «Gedichte bedeuten nie etwas. . . . Gedichte sind Gedichte.» (ebd.) Frau Bernhard schildert auch Freumbichler den Zustand ihrer unglücklichen Ehe. Aus seinem Blickwinkel gibt es keine Anpassung, sondern nur die «Befreiung aus der Sklaverei». Mit schwärmerischen Worten formuliert er eindringlich: «Freiere Naturen, edlere Menschen bäumen sich gegen eine solche schmachvolle und unwürdige Behandlung auf, gegen einen solchen menschenunwürdigen Zustand, und sie rufen laut nach ihrem Recht und ihrer Freiheit. Es hat sich eine große Bewegung gebildet, die Frauenemanzipation oder Frauenbefreiung, die bezweckt, das Weib der Freiheit, dem Glücke wiederzugeben. . . . Liebe Frau Bernhardt! Es zuckt der Blitzstrahl einer neuen Zeit empor. Es kommt eine neue Welt, die aller Not und allen Leiden Erlösung bringt!» (1903/39). Freumbichler ist durch das Zusammenleben mit Kasparek noch mehr bestärkt in seiner Haltung: «Ich und mein Rudl, wir leben hier beisammen, allen Sorgen trotzend und spottend – derer nicht wenige wären – glücklich und froh. Wir lieben uns

Mein Großvater liebte das Außergewöhnliche und das Außerordentliche, das Entgegengesetzte, das Revolutionäre, er lebte auf im Widerspruch, er existierte ganz aus dem Gegensatz (Ki 43)

und lachen auf die Welt! Lachen Sie mit!» (1903/39).
Die Freiheitsidealisten nehmen Anna Bernhard feierlich
in ihren Freundschaftsbund auf: «Schwören Sie mit
Herz und Hand der heiligen Sache den Schwur der
Treue! Leben Sie von der heiligen Freundschaft! Ein
Gedanke durchzuckt uns! Eine Liebe lebt in uns! Ein
Glück ist in uns allen! Tragen Sie einstweilen das
Unvermeidliche. Oder . . .? Es kommt der Tag, an dem
dem Glück Sie in die Arme sinken werden. Hoffen Sie!
Denken Sie an mich! . . . Wir zählen uns zu den
Verkündern einer neuen Zeit. Aber nie zum Gesindel
sprechen wir, sondern zu Freunden und Verwandten
unserer Seele.» (1903/39).

Wie in Fragen Revolution oder Anarchismus, so
stimmten Freumbichler und Kasparek auch in ihrer
Einstellung zur Frau überein. Kasparek: «Du kennst ja
meine Ansichten über die Weiber. Alles, was sich so
furchtbar aufbläst, so schrecklich emanzipiert und sich
dennoch an die von der ,Affenwelt' aufgestellte
Froschleiter klammert, die man Mode nennt, hat den
Anspruch auf das Wort Weib verloren . . . Aus ihren
Augen spricht die Dummheit, aus ihren Reden leuchtet
hell wie ein Stern der Geist der ,Zivilisation'. Aber es
gibt auch noch andere Weiber!» (1903/33). Anna
Bernhard gehört zu ihnen.

Als Kasparek von Salzburg wegging, wendete Anna
Bernhard alle ihre Wünsche und Sehnsüchte Tuisko zu.
Im September 1903 schreibt sie an Johannes Freumbichler: «Je mehr ich Tuisko kennen lernte, je länger ich
seinen Worten lauschte, desto klarer wurde es mir, daß
er der ist, ohne den ich nicht leben kann.» (Undat. AB
– JF/1). Aber auch bei Tuisko findet sie keine wirkliche

Gegenliebe. Sie ist verunsichert, als sie von ihm hören muß, daß er zwar in sie verliebt sei, aber: «es sei keine ideale Liebe.» (ebd.)

Deshalb will sie zu den Freunden nach Ilmenau: «. . . so laßt mich doch bei Euch sein. Ich würde mich schon zu ernähren wissen . . . Ich bin täglich gefaßt, daß mein Mann mich hinauswirft.» (ebd.)

Anna Bernhard muß noch warten. Für Weihnachten 1903 ist ein Treffen der Mitglieder des «Eisernen Ringes» in Salzburg geplant, an dem sie teilnehmen soll. Im September schreibt sie an Freumbichler: «Weihnachten kommen, wie klingt das schön, ich darf Sie sehen, Sie sprechen, Ihnen die Hand geben . . . Helfen Sie mir, meine Freiheit zu erlangen. Ich bitte Sie so innig als dies nur irgend möglich ist.»
(Undat. AB – JF/2).

Am 17. Oktober 1903 heißt es dann: «Du, wie ich mich freue, wenn Ihr, wenn Du kommst. Dieses Sehnen und Hoffen allein hält mich aufrecht.»
(Undat. AB – JF/3).

Ende Oktober 1903: «Du, wenn die Zeit käme, die ich so sehr herbeiwünsche, wie könnte ich Dir alles behaglich herrichten . . . Du, wie ich bei dem bloßen Gedanken schon selig bin. Zu Weihnachten wenn Du kommst, da mußt Du das Urtheil ablegen, ob Du mich zu Dir nehmen willst. Ich erwarte es kaum.»
(Undat. AB – JF/4).

Und im nächsten Brief: «Wenn nur schon bald Weihnachten wäre . . . Aber auch eine gewisse Angst kann ich nicht los werden, warum wohl? . . . Nun wir werden ja sehen. Es kommt ja nur auf Dich an!»
(Undat. AB – JF/5).

. . . die Schweiz, wo er Technik studierte und sich mit ein paar gleichgesinnten Anarchisten zusammentat. Es war die Zeit Lenins und Kropotkins. Er war aber nicht nach Zürich, sondern nach Basel gegangen und hatte sich lange Haare wachsen lassen. Seine Hosen waren ausgefranst, wie übriggebliebene Fotos beweisen, auf der Nase hatte er den berühmt-berüchtigten Anarchistenzwicker. Aber er lenkte seine Energie nicht in die Politik, sondern in die Literatur. Er lebte in einem Haus neben dem Haus der berühmten Lou Salomé und ließ sich von der Schwester Rosina monatlich eine Kiste mit Butter und Würsten schicken. Seine Lebensgefährtin, meine spätere Großmutter, die jahrelang mit einem Salzburger Schneider in einer von ihren Eltern erzwungenen entsetzlichen Ehe gelebt hatte, erschien unter Zurücklassung ihres Mannes und zweier Kinder in Basel, fiel meinem Großvater um den Hals und beteuerte, von jetzt an mit ihm zu leben, gleich wo, für immer. (Ki 48/49)

38

Und Anfang November: «. . . Ich harre aus auf meinem Platz, denn es dauert nicht ewig . . . Ich würde meine Sachen nehmen und käme dann zu Dir.» (Undat. AB – JF/8).

BASEL

Johannes Freumbichler entscheidet sich für ein Leben mit Anna Bernhard. Er verläßt Ilmenau und zieht mit «Dietlinde» zu Beginn des Jahres 1904 nach Basel. Bis April 1904 wohnen sie in der Hegenheimerstraße 12/2, von Mai 1904 bis Herbst 1905 in der Gasstraße 33/3.

Kasparek geht zurück nach Hallein. Aber schon nach einem Monat schreibt er am 1. Februar 1904 an Johannes Freumbichler: «Ich komme nach Basel und zwar bald, denn hier ist nichts zu finden als lauter Angst und Qual! Dort will ich mich einrichten, will arbeiten und schaffen und wenn mein Gefühl recht hat, Großes leisten.» (1904/10). Er möchte in Basel Chemie studieren. Wie Freumbichler fühlt er sich in der Hochstimmung eines Neubeginns. «. . . auch in mir loht das Feuer von Kraft und Energie . . . Vorwärts, ohne Ruh und Rast, vorwärts im Sturm einer lichten Welt entgegen.» (ebd.) Alles ist für die Abreise fertig, aber dem «Verlangen, fortzukommen von hier» stellen sich noch familiäre und finanzielle Hindernisse in den Weg.

Für Freumbichler ist Basel der Beginn großer

Schwierigkeiten. Er besucht das Technikum, hat aber keine Verdienstmöglichkeiten, um sich und Dietlinde erhalten zu können. Die Mutter muß wieder Geld schicken. Sie will jedoch nur ihren Sohn unterstützen, denn sie möchte von seiner Beziehung zu dieser Frau nichts wissen. Obwohl sie weiß, daß Anna Bernhard ein Kind erwartet, schreibt sie an den Sohn: «. . . schau das los bringst. Sie macht es auch dir so wie seinen Mann der sie ernährt hat, sie betrog im, weis nicht was ich denken sol ein Weib 2 Liebliche Kinder und die armen Haschal verlaßen ist eine Raben Mutter. Sie macht auch dir so wen ein Kind hat lauft weg sucht ein anderen last dich stehen, diese Elende . . . jag sie fort, zal lieber die par Gulden wens ein Kind bekomt und bist frei. in mein Haus komt dies Weib nie für dich thu ich alles . . .» (1904/6).

Auf eine ähnlich gehaltene Äußerung der Mutter vom März 1904 schreibt Freumbichler in einem Brief an Kasparek Worte wie «Menschenverachtung» und «Menschenhaß». Die Antwort Kaspareks bildet das Gegengewicht zur Haltung von Maria Freumbichler: «Sage Dietlinde, daß ich sie grüße, innig, aus tiefstem Herzen, sage ihr, daß ich sie hochhalte, achte und liebe, erblicke ich doch in ihr das erste unerschrockene und freie Weib.» (1904/12).

Kasparek kann nur seelisch helfen. Die Verhältnisse, unter denen er leben muß, sind furchtbar. Er und die Geschwister haben oft tagelang nichts zu essen. Er macht dem Vater Vorwürfe, weil er nicht fähig ist, seine Familie zu ernähren. «Ist's Feigheit oder Krankheit. Ich weiß es nicht.» (1904/13). Inzwischen sind drei Monate

... und er war ausgebrochen und, für die damalige Zeit, gerade noch vor der Jahrhundertwende, eine Ungeheuerlichkeit, nach Basel, um dort eine gefährliche Existenz als Anarchist zu führen wie Kropotkin, und er war später dann mit seiner Frau, meiner Großmutter, zusammen zwei Jahrzehnte unter den fürchterlichsten Umständen Anarchist gewesen, immer gesucht und oft verhaftet und eingesperrt. Neunzehnhundertvier ist meine Mutter in Basel geboren worden, mitten in dieser Zeit, ... (U 130)

vergangen, und Kasparek hat keine Mittel, von Hallein weg zu kommen. Freumbichler sieht in Basel keine Lebensmöglichkeit. Er möchte nach Henndorf, aber dieser Weg ist versperrt. Die Mutter will verhindern, daß die Leute erfahren, daß Dietlinde noch immer bei ihm ist. Er soll in Basel bleiben und auch in seinen Briefen diese Frau nicht erwähnen: «laß nicht merken von dem Weib» schreibt sie am 28. Juli 1904 (1904/7).

Kasparek ist unter schwierigsten Umständen auf dem Weg zu Freumbichler. Im Juli 1904 erreicht er Zürich, wo er Arbeit finden muß, um Geld für die Weiterreise aufzubringen. Er bekommt eine Aushilfsstelle bei einer Ärztin. Voraussichtlich wird er mindestens ein Monat in Zürich festsitzen (1904/14). Der Briefwechsel enthält keine Mitteilung, ob er bis Basel gekommen ist. Im Dezember 1904 erhält Freumbichler von Kasparek die Nachricht aus Lauterbach bei Bregenz, daß er in einer Fabrik als Bürohilfskraft arbeitet (1904/17). Mit Jahresbeginn will er dann nach Meran gehen, weil seine Lunge angegriffen ist: «Dort beginnt der dritte Abschnitt meines Lebens.» (ebd.)

Aus demselben Brief Kaspareks vom 19. Dezember 1904 geht hervor, daß Freumbichler sehr unglücklich ist: «Es kann schlechter für Euch kaum mehr kommen. ich bitte Dich, halte aus! Du wirst siegen!! Was Du verloren, was Du gelitten, das kann ich nur ahnen.» (ebd.) Trotz der schwierigen Lage beginnt Feumbichler in Basel ein literarisches Werk. Kasparek sieht darin die einzige Hoffnung: «Friede wird kommen.» (ebd.)

Am 21. Dezember 1904 kommt die Tochter Hertha in Basel zur Welt. Den Namen wählte der gemeinsame Freund Rudolf Kasparek. Bündig schrieb er eine Woche

Lieber Hans!

Wie ich noch denke
und erwäge, für den Moment
kann ich Dir unmöglich beistehen.
Sobald ich kann werde ich gerade alles
auflichten — finde ich Dir so viel wie
Dir klar. Ich habe in kurzes geschrieben,
er möge Dir telegraphisch, so viel nur in
seiner Macht steht anweisen. —
<u>Bitte Dich bei diesmal stark!!!</u>
<u>Alles geht vorüber!</u>
Es schmerzt mich Dir jetzt nicht
helfen zu können u. nicht bei Dir
hin zu können
herzlich Dein
Rudolf

vor der Geburt des Kindes: «Ich wähle: Farald und Hertha.» (1904/16).

Am 25. Dezember bittet Kasparek Freumbichler wieder, ja nicht aufzugeben: «Sobald ich kann – und ich werde alles aufbieten – sende ich Dir so viel nur denkbar. Ich habe Tuisko geschrieben, er möge Dir telegraphisch so viel nur in seiner Macht steht anweisen.– Bitte Dich, sei diesmal stark!!! Alles geht vorüber! Es schmerzt mich, Dir jetzt nicht helfen zu können u. nicht bei Dir sein zu können.» (1904/18).

Anfang des Jahres 1905 beginnt Kasparek die Arbeit bei der Firma Electrobosna in Meran. Jetzt kann er endlich für Freumbichler etwas tun. Am 22. März 1905 schickt er ihm Geld und Schmuck. Es sind Erbstücke des Vaters. Dazu schreibt er: «Übrigens, schalte und walte mit den Gegenständen nach ermessen. Es wäre mir nur sehr lieb, wenn Du die wertvollsten durch Versetzen mir erhalten könntest, denn mein Vater – ein Held – hielt sie in Ehren. Geht es nicht, liegt nichts daran. Du bist mir doch der wertvollste Edelstein! . . . Sei stark!» (1905/2).

Im Mai 1905 beschließt Freumbichler, Basel zu verlassen. Er will zu Kasparek nach Meran. Anna Bernhard soll mit dem Kind nachkommen, wenn dort die notwendigen Lebensbedingungen geschaffen sind. Vom südlichen Klima verspricht er sich auch eine Besserung seiner angegriffenen Lunge.

Kasparek macht es glücklich, in absehbarer Zeit wieder mit seinem Freund sein zu dürfen. Er schreibt ihm am 25. August 1905: «Endlich erlöst! Freund eile! . . . eile in die Freundesarme. Du darfst hier nicht ein Paradies vermuten, aber der Sorgen ums Brot sollst Du

ledig sein.» (1905/6). Er will auch monatlich 3 Mark beiseitelegen, um Freumbichlers verpfändete Bücher frei zu bekommen.

Aber Kasparek stellt eine Bedingung an das Wiedersehen: «. . . über einmal zwischen uns Vorgefallenes wird *nie* auch nur eine Silbe gesprochen.» (ebd.) Die Zeit der jugendlichen Liebe ist jetzt Vergangenheit, und eine wertvolle Freundschaft bleibt für die Zukunft.

MERAN

Im Herbst 1905 ist Freumbichler in Meran. Er wohnt bis September 1906 in Töll. Anna Bernhard und die einjährige Tochter verbringen die Zeit, bis sie nachkommen können, in Salzburg. Freumbichler nimmt am 15. Jänner 1906 eine Stellung als Kontorist bei der Firma «Electrobosna» an. Am 9. März 1906 bittet er Dietlinde, alle Vorbereitungen für die Übersiedlung zu treffen: «Ich fühle mich gedrängt, Dir noch zu sagen, daß wir hier ein ziemlich entsagendes Leben führen müssen, weil die Mittel absolut nicht ausreichen, um einen anständigen Haushalt zu führen. Wir müssen, wenn wir in einigen Jahren frei sein wollen auch Opfer bringen und dies und jenes entbehren.» (1906/6). Am 17. März 1906 kommt sie mit Hertha in Meran an.

Auch Anna Bernhard will in Meran schreiben und geht an eine Biographie über den Freund und Dichter Rudolf Kasparek. Dieser meint dazu: «Du bist also meine Biografin! Göttlich! Hätte je ein Dichter sich eine

liebenswertere wünschen können? Sieh aber zu, meine Beste, daß Du nicht das größte Teil an meiner Unsterblichkeit hast. Dies für die Richtschnur der Abfassung. Alles andere bleibt Dir überlassen.» (1909/8).

Im Oktober 1906 zieht Freumbichler mit der Familie nach Partschins bei Meran. Kasparek hat Meran inzwischen verlassen und lebt in München (Hirschgartenallee 44/3). Mitte Februar 1907 kommt Freumbichler allein zu ihm. Bis Mai wohnt er in der Wolfrathshauserstraße 31/3. Dann muß er seine Arbeit in Meran wieder aufnehmen. Im selben Monat zieht er in die Villa Rosenegg in Lazag. Am 31. Jänner 1908 löst er sein Dienstverhältnis mit «Electrobosna».

In München versucht Kasparek, für sich und Freumbichler Verlagskontakte zu gewinnen. Von seiner Bekanntschaft mit Ellen Key erwartet er sich eine Möglichkeit, Freumbichler literarisch in die Öffentlichkeit zu bringen (1908/4). Er hat jedoch Bedenken, daß Freumbichler selbst die Angelegenheit erschwert: «Wahrscheinlich möchte sie ja Proben, was Du wohl nicht wolltest.» (ebd.) Kasparek lernt im Juni 1908 Dr. Ludwig kennen, der ihm hilft, Arbeit zu finden. Durch dessen Empfehlung bietet ihm «ein Philosoph» die Mitarbeit an einem Werk über Goethe und Hebbel an (1908/4).

Eine Publikation kann Kasparek für Freumbichler nicht erreichen. Aber im Juli 1911 erscheint ein Gedichtband von Rudolf Kasparek (1911/3).

Freumbichler bleibt noch bis August 1909 in Meran, um dort ein größeres Werk abzuschließen (1908/3, 1909/5).

FORSTENRIED/MÜNCHEN

Von September 1909 bis Mai 1911 ist Johannes Freumbichler abwechselnd in Henndorf oder in München. Der Aufenthalt bei Kasparek in München von Februar bis Mai 1907 und dessen Bemühungen um Verlagskontakte machen München als zukünftigen Lebensraum erstrebenswert.

Am 19. Jänner 1910 kommt der Sohn Farald in München zur Welt. Genaueres geht aus den Briefen über diese Zeit nicht hervor.

Ein fester Wohnsitz scheint erst ab Mai 1911 auf. Bis Oktober 1911 wohnt Freumbichler mit seiner Familie in Forstenried bei München. Auch in Forstenried sind die Lebensumstände schlecht. Noch immer muß Maria Freumbichler mit Geld und Lebensmitteln aushelfen. Ihrem Sohn zuliebe würde sie auch die Kinder zu sich nehmen, damit Anna Bernhard arbeiten gehen kann (1911/3). Am 2. Oktober 1911 tritt Hertha in die Werktagsschule in Forstenried ein. Im selben Monat geht Freumbichler nach München, wo er bis Jahresende bleibt. Er wohnt bis Mitte Februar 1912 in der Lindenschmidtstraße 29a/4, bis Ende des Jahres 1912 in der Implerstraße 67/4. Freumbichler muß seine Familie in Forstenried zurückgelassen haben, denn er erhält in München Briefe von Anna Bernhard. Auch in München ist Johannes Freumbichler ohne Anstellung. Seine finanziellen Schwierigkeiten reichen bis nach Salzburg. Einem Kaufmann in Salzburg schuldet er eine größere Summe Geld. Freumbichler kann aber nicht

zahlen, weil er für die Herausgabe eines Buches (1500 Stück) 3000 Mark Kaution auslegen muß (1911/2). Im Oktober 1911 erscheint der Eheroman «Julia Wiedeland» bei C. Huber in Diessen bei München. Anna Bernhard, die sich in diesem Buch wiedererkennt, drückt ihre Freude über das gedruckte Buch aus: «Ich sah hinein, alle meine Leiden und Freuden fühlte ich wieder ... Die Periode meiner Ehe, dann meine Kinder, alles was mich an sie erinnerte ließ mich erzittern. Es war mir, als stünde ich vor einem offenen Grab, das mir ein großes Gut raubte, dessen Werth ich zu spät erkannt habe. ... Hier zeigst Du der Welt das Bild einer neuen Ehe.» (Undat. AB – JF/11).

Freumbichler hat mit dem Roman Absatzprobleme. Am 22. November 1911 schreibt er an die Mutter: «Es ist natürlich eine schwere Sache, das Buch in Gang zu bringen, weil die Buchhandlungen mit Schundbüchern überschwemmt sind.» (1911/8).

Kasparek, der seit November 1911 in Bernried am Starnbergersee lebt, hilft, Exemplare der «Julia» zu vertreiben. Er kennt in Bernried Herrn Harden, der zu Max Dauthendey, Frank Wedekind und Thomas Mann Verbindungen hat. Kasparek verspricht sich für Freumbichler und sich selbst viel von dieser Bekanntschaft.

Freumbichler ist bereits an der Arbeit an einem neuen Roman (vermutlich «Eduard Aring») und sechs Novellen (1911/8). Er will nur vom Schreiben leben. Die Mutter zeigt Verständnis: «Alle Dichter müssen schwer kämpfen und so geht es auch dir.» (1911/6).

Im Jänner 1912 wechselt Freumbichler den Verlag, weil Kleinschmitt vom Huber–Verlag zu hohe Vorauszahlungen verlangt (1912/1). Eine neue Herausgabe

verzögert sich. Deshalb bittet ihn jetzt auch seine Mutter, sich eine Anstellung zu suchen, «wenns dich auch schwer ankommt» (1912/2), damit «die Not einmal eine Ende habe». Sie rät ihm auch, ein Exemplar der «Julia Wiedeland» an Gerhart Hauptmann zu schicken mit dem Anliegen, «ob er nicht einem Dichter Geld leihen kann.» (1912/9).

Von April 1912 bis Jahresende nimmt Freumbichler eine Arbeit an. Aber er ist mit seiner Situation nicht zufrieden. Er will nach Bozen. Der Freund Kasparek meint dazu: «Ich bitte Dich, gib Deine Lage noch nicht verloren! Der Plan mit Bozen wird Arbeit und Gesundheit wiederherstellen.» (1912/17).

Kasparek hat in der Zwischenzeit viel geschrieben. Im Jänner 1912 schickte er die Erzählungen «Die Miß», «Die erste Einladung», «Der Schneider in Verzweiflung» und «Der arme Pfarrer» an die «Ö.ill.Ztg.» (1912/13). Im Herbst 1912 erscheinen in einem Almanach bei Velhagen und Klasings Gedichte von Rudolf Kasparek (1912/19).

BOZEN

Ausschlaggebend für den Ortswechsel nach Bozen war für Johannes Freumbichler wieder seine kranke Lunge. München war nicht die Stadt, in der er leben konnte. Im Mai 1913 schreibt er rückblickend: «Wie grauenhaft litt ich in München.» (1913/7).

Der Zeitraum des Aufenthalts in Bozen beschränkt

sich auf das Frühjahr 1913. Aber diese wenigen Monate bringen für Freumbichler eine wichtige Veränderung. In Bozen begegnet er seiner späteren Gönnerin, Frau Justizrat Clarita Thomsen.

Frau Thomsen (* 11.11.1860) lebte ca. 25 Jahre mit ihren Kindern in Möltevort, einem Fischerdorf in der Nähe von Kiel. Als sie durch eine Erbschaft an eine Villa («Wendtlandhaus») in Gries bei Bozen kam, ließ sie sich dort nieder (1920/5). In Bozen beschäftigt sie sich mit Literatur und Malerei. Frau Thomsen ist auch selbst literarisch tätig. Sie schreibt Märchen wie «Das Klöppelkissen», das auch veröffentlicht wurde. Dazwischen unternimmt sie Reisen zu ihren Kindern nach München und macht einmal jährlich eine Kur in Badgastein im Elisabethhof oder in Heiligenkreuz in Tirol.

Johannes Freumbichler beendet in Bozen den Roman «Eduard Aring». Er beginnt gleich seinen dritten Roman und plant ein Theaterstück (1913/1). Den «EA» schickt er ohne Erfolg an verschiedene Verlage. Kasparek, seit 1913 wieder in München (Beldgradstraße 159), will den Roman Albert Langen vorlegen. Am 29. März 1913 schreibt er an Freumbichler: «Hat man den Eduard nicht erkannt? Als brauchbare Lektüre für nichtsdenkende Menschen? Mich wundert's nicht! Aber dessen ungeachtet: Schicke nur weiter die Exemplare herum. Eines dazu (gut leserlich) aber sende bitte nochmals an mich. Ich möchte versuchen, es einem Verlag vorzulegen. Natürlich nur unter der Bedingung des Vorabdruckrechts in einer Zeitschrift, welches wie ich weiß auch zugestanden wird, ohne Schmälerung der Prozente. Es ist Albert Langen. Der Verlag zahlt an

Ich sende Ihnen eine kleine Summe, damit
Sie ja das Kartoffelland nehmen können
u. die Wohnung Ihnen bleibt. Vielleicht können
Sie mans Sommers oben auf dem Ziegenbrunnen
anwickeln. Kartoffel u. Milch sind die
Sommer! auch Zucker gute Butter müssen Sie
davon besorgen. Haben Sie mir guten Mut ab
mich doch einmal eine Wendung zum Bessern
eintreten, wie gesagt ich hoffe immer, daß sich
in Ihnen noch besser Summen findet, denn sicht
ab zahlen, jetzt aber wird es immer dasselbe bleiben
u. denke, daß Sie das in all' den Jahren schon selbst
ausgefunden haben worden, was darin des Quälle
zu ziehen ist all' das vielen flauet s, daß Sie alle
durchlebt haben. Ich werde heute Nachmittag zur
Gärtnerin gehen u. Sie werden bald nachstehz. der
Summe haben, was werden dann bald die Ziegen
werden u. die Kartoffel aus der Erde ziehen.

Mit herzlichem Gruß
L. Thomsen.

Erstlingsautoren gew. 15 %, jedoch nur als Honorar im Vorhinein = 900 M für die erste Auflage von 2000 Exempl. Würde der Roman nun vorher in einer Zeitschrift untergebracht und mit einigen Tausend honoriert, so könnte man ja für diese erste Auflage das geringe Honorar von 15 % ganz gut hingehen lassen; besonders in Anbetracht dessen, daß Bücher dieses Verlages nicht wie beim Hans Sachs Verlag liegen bleiben.» (1913/6).

Zwei Monate später weiß Freumbichler, daß Albert Langen den Roman nicht annimmt (1913/8). Er schickt noch einige Erzählungen an Kasparek, der sich weiter bemüht: «Während dieser zwei Tage habe ich den Eduard hoffnungsfroh abgegeben und wegen der Erzählungen verschiedene Gänge gemacht. In letzter Sache leider umsonst. Ich will noch nachdenken und probieren, was zu probieren ist. Sie sind eigentlich druckfertig und Du sollst sie möglichst losbringen.» (1913/8).

In dieser Krise hilft Frau Thomsen. Trotz der eigenen Sorgen tut sie ihr Möglichstes: «Ich kann Ihnen nur mit den von mir ersparten Geldern in der Sparkasse helfen, anderes steht mir nicht zur Verfügung u. Sie können sich denken, daß diese kleine Summe sehr in Anspruch genommen wird durch die eigenen Kinder u. auch von der Umgebung, sodaß die Summe leider immer kleiner wird. Um aber etwas Ganzes gethan zu haben u. Ihnen und Ihrer Frau die Möglichkeit zu geben zu einer besseren Existenz, will ich diesmal Ihnen zu den angegebenen Zwecken diese Summe senden.» (1913/15).

Was die Unterstützung von Johannes Freumbichler

betrifft, zieht Frau Thomsen immer den Rat des Herrn Dr. Weberitsch bei.

Auch Kasparek gelingt es nicht, seine literarischen Erzeugnisse zu veröffentlichen. Nachdem Velhagen eine Novelle zurückgeschickt hat, sendet er verunsichert das «Meisterstümperwerk» Freumbichler zur Korrektur: «Sei nachsichtig und sag mir dann unverhohlen die Wahrheit. Eventuell schreibe ich dann weiter.» (1913/8). Zwei Monate später schreibt Kasparek am Liederzyklus «Frau Lilo» (1913/10). Das Schreiben hat für Kasparek einen ausschließlichen Stellenwert: «Ich bin fest entschlossen, auf dieser Welt sonst nichts zu machen als zu dichten.» (1913/9).

Neben täglichen Geldsorgen und den Pflichten gegenüber seiner Familie belastet Kasparek eine von Jahr zu Jahr ernstzunehmendere Herz- und Lungenkrankheit. Früh denkt er an seinen Tod. Er schreibt, um dem Alltagselend und der Krankheit auszuweichen. Darin findet er auch die Gemeinsamkeit mit Johannes Freumbichler. Und Schreiben heißt für ihn auch, den Freund anzuspornen in Zeiten der Entmutigung: «Mein göttlicher Freund und Bruder, wenn mein Herz noch aushält, wenn es noch genügend philosoph. Strom abgibt will auch ich noch was hervorbringen und wär es nur um Deinetwillen damit Dir nicht das Los des Einsamen zuteil und die Welt zum Ekel werde. Könnte ich Dich fürdem anspornen, hinauftreiben so wär es mein vornehmstes Glück. In der Tat in meinem Kopfe sind keine Allerweltsgedanken und mein Herz ist nicht arm, wenn ich mich vergleiche. Aber – wie gesagt – es stirbt. Ich bin deshalb nur selten produktiv. Gestern Nacht getraute ich mich nicht einzuschlafen, denn ich

Die Frau des Urwaldforschers, der in der schönsten Gegend von Obermais eine herrschaftliche, schloßähnliche Villa besaß, ließ meine Großmutter den Hebammenberuf erlernen. Das sollte sich für ihr weiteres Leben bezahlt machen. (Ki 81)

glaubte ich müßte die große unbekannte Reise tun. Endlich legte sichs wieder und am Morgen stand ich auf und wusch mich und war sehr froh. Früh sterben zu müssen ist ein Jammer. Man darf nicht daran denken» (1913/8).

Selbst in dieser aussichtslosen Lage gibt Kasparek Freumbichler Mut: «Du aber *mußt* weiterschreiben jeden Tag damit nichts verlorengeht von dem was Du erlebst. *So* erlebt ja keiner wieder! Die ersten 5 Erzählungen (Friedl habe ich mir noch aufgespart) habe ich nacheinander gefressen. Ich konnte nicht anders. Es ging mir überwunderlich, alle Nerven zitterten und ich habe auch jetzt noch nicht Ruhe. Was soll ich sagen! Im jämmerlichen Wirrwarr meiner Tagesnöte werde ich kaum zu jedem einzelnen Hefte ein übriges bemerken können. Doch gebe ich sicher dort und da einen Zettel hinein.» (1913/8). Er ist für Freumbichler der einzig zuständige Kritiker.

SALZBURG / HENNDORF

Den Sommer 1913 verbringt Johannes Freumbichler in Henndorf. Manchmal fährt er zu Anna Bernhard, die in Salzburg die Hebammenschule in der Landesfrauenklinik besucht. Anna Bernhard sieht in einem ausgebildeten Beruf eine Möglichkeit, für ihre Familie zu sorgen, damit sich Freumbichler nur der literarischen Arbeit widmen kann. Ihm kommt diese Lösung sehr entgegen.

Im Februar 1913 hat er sich an Frau Thomsen

gewandt. Sie war bereit, die Ausbildung (290 Kr.) zu bezahlen. Sie stellte aber eine Bedingung an diese Hilfe: Freumbichler muß sich eine Beschäftigung suchen, um seine Frau zu unterstützen. Frau Thomsen ist nicht damit einverstanden, daß sich Anna Bernhard ganz dem Schriftsteller aufopfert. Am 24. Februar 1913 schrieb sie an Johannes Freumbichler: «Die Last der kleinen Frau allein aufzubürden ist nicht möglich. Sie würde mit der Zeit zusammenbrechen u. der Zustand Ihrer Familie würde ein endloses Elend sein. Alle Künstler und Dichter, die mir bekannt sind, haben einen Beruf, den sie mehr oder weniger intensiv betreiben . . . Sie haben das leider versäumt und nun ist es eine schwierige Sache . . . Nach meiner Meinung kann sich Ihr Talent auch erst entfalten, wenn diese täglichen, schweren Sorgen schwinden . . . Alle Hilfe von fremder Seite ist problematisch, immer nur vom Zufall abhängig und gibt Ihnen niemals den Halt und die Befriedigung, die ein Mann hat, der auf eigenen Füßen steht.» (1913/14).

Mitte Juli 1913 steht Anna Bernhard kurz vor dem Examen. Johannes Freumbichler will gleich nach der Abschlußprüfung mit Anna Bernhard nach Bozen zurück. Er erwartet, daß ihn Frau Thomsen dort in die notwendigen Kreise einführt. Frau Thomsen aber muß ihn enttäuschen. Sie lebt in Bozen sehr zurückgezogen und hat daher nicht die Verbindungen, die Freumbichler nützen könnten. Auch «wäre es wohl besser, besonders für Ihre Frau in einen größeren Ort zu gehen, wo das Feld der Thätigkeit ein größeres ist», schreibt sie an Freumbichler am 23. Juli 1913 (1913/18). Frau Thomsen rät ausdrücklich zu Wien.

WIEN

September 1913 bis Juli 1916

Seit 5. September 1913 ist Johannes Freumbichler in Wien gemeldet. Die erste Wohnadresse ist: Wien XIII, Barchettigasse 11/8. Ab Dezember 1914 wohnt er in Wien III, Schanzgasse 21/2. Mitte Februar 1915 übersiedelt er wieder in den 13. Bezirk, Flötzersteig 49/4. Im 13. Bezirk arbeitet Freumbichler von 11. Februar 1914 bis 10. Juli 1916 als Schreibkraft bei der Gemeinde Wien. Mit der Beendigung des Arbeitsverhältnisses kündigt Freumbichler auch die Wohnung am Flötzersteig.

Im August 1914 ist die Erzählung «Peter und Maria» fertig. Kasparek schreibt dazu: «Sie (PuM) würden sich freilich derzeit keine Lorbeeren holen können. Aber für die kommende Zeit besteht entschieden mehr Hoffnung.» (1914/14).

Wenig Hoffnung hat Frau Thomsen. Sie glaubt den Grund für Freumbichlers Erfolglosigkeit zu kennen: «. . . wenn er kleinere werthvollere Sachen schreiben würde, für Romane von größerer Ausdehnung ist unsere heutige Zeit nicht recht geeignet, es ist alles zu raschlebig und ruhelos.» (1915/12). Oft bittet sie Freumbichler, mehr Entschlußkraft zu entwickeln, damit dieses erfolglose Schreiben nicht zusätzlich auf Kosten der Familie geht. Sie sieht auch ihre persönliche Unterstützung nicht richtig genützt: «Es ist somit nie eine wirkliche Hilfe und der Helfer hat auch keine

Um drei Uhr früh, mit den Bäckern und Eisenbahnern, stand er auf und setzte sich an den Schreibtisch. (Ke 100)

Von meinem Großvater habe ich die lebenslängliche Gewohnheit, früh und fast immer vor fünf Uhr früh aufzustehn. Das Ritual wiederholt sich, den Jahreszeiten wird, gegen die pausenlosen Kräfte der Trägheit und in dem ununterbrochenen Bewußtsein, daß alles Tun nur ein sinnloses Tun ist, durch die tagtägliche gleiche Disziplinierung begegnet. (Ke 149)

Freude, weil er sieht, daß seine Hilfe nutzlos ist»
(1915/12). Sie meint, er solle sich eine feste Grundlage
schaffen, denn «keiner weiß vorher, ob er zum großen
Künstler oder Dichter geboren ist, auch kann man sich
täuschen über seine Fähigkeiten.» (ebd.)

Trotz dieses Tadels schickt Frau Thomsen den
Freumbichlers im März 1915 Geld, um etwas zur
Erfüllung des «Ziegentraumes» beizusteuern. Freumbichler wünscht sich ein Leben als Kleinhäusler in
einem Wiener Außenbezirk. Dort will er, um die
Lebensmittelsorgen zu verringern, Ziegen halten, Bie-
nen züchten und Kartoffel anbauen.

Als Freumbichler im August 1915 Frau Thomsen
wieder um Geld bitten muß, verspricht er ihr, die
Anforderungen an sich selbst noch zu steigern, sich «die
härtesten Dinge» aufzuerlegen: «So stehe ich täglich um
4 Uhr früh zur Arbeit auf» (1915/10). Als Dank möchte
er ihr den Roman «Das Glück am Aringhof» widmen.
Frau Thomsen ist aber diemal nur zur Hilfe bereit,
wenn Freumbichler einen in Aussicht stehenden Beam-
tenposten annimmt. Die Schreibarbeitsstelle bei der
Gemeinde Wien hält sie offensichtlich für zu unsicher.
Um Frau Thomsen den Eindruck zu geben, daß ihre
Zuwendungen nicht umsonst sind, unterrichtet er sie
über seine literarischen Pläne: «Neben den Vorwürfen
arbeite ich auch den erschienenen Roman völlig durch.
Er ist künstlerisch völlig wertlos. Jugendlichkeit und
der schwierige Weg, den ich zu machen hatte, entschul-
digen ihn. Ich fange jetzt an, zu begreifen, was es heißt,
ein Kunstwerk zu schaffen und ich hoffe, im Laufe der
nächsten Jahre mehrere Bücher zu vollenden, die von
Wert und Dauer.» (1915/10).

Die Reinschrift der Manuskripte macht Richard Pokorny, Wien 12, Rotenmühlgasse 28 (1916/10).

Neben den Geldsendungen aus Bozen wird die Familie Freumbichler auch mit Lebensmitteln aus Henndorf versorgt. Die Verwandten schicken Butter, Mehl, Speck, Kartoffel und Eier (1916/1). Die Schwester Marie Russ hilft in Wien. An den Wochenenden geht Johannes Freumbichler zu ihr in die Ballgasse (1. Bezirk) essen. Anna Bernhard arbeitet in den Wiener Jahren in verschiedenen Haushalten als Haushälterin oder Pflegerin. Meistens muß sie auch an der Pflegestelle wohnen. Deshalb ist Freumbichler gezwungen, während der Woche selbst den Haushalt zu führen. Freumbichler empfindet die Hausarbeit neben der schriftstellerischen Arbeit als überaus störend. Er erzeugt damit bei Anna Bernhard starke Schuldgefühle. Sie will durch ihre Arbeit zur Erhaltung der Familie beitragen, wird aber von ihrem Mann auch zu Hause gebraucht. Sie fürchtet, ihm dadurch noch mehr Sorgen zu machen: «Wenn ich noch so leiden muß, noch so vieles entbehren, so kommt es noch immer dem Maße nicht gleich, was ich Dir durch mich Leid zugefügt habe» (Undat. AB – JF/13). Auch diese Selbstvorwürfe seiner Frau sind für ihn eine Behinderung seiner Geistesarbeit. Er antwortet ihr: «Sie zerstören jedesmal meine mutige Stimmung, die Voraussetzung zu meinen Arbeiten. Einmal mutlos komme ich Wochen, ja Monate nicht mehr ins Gleichgewicht ... Also: Heiligste Pflicht und Befehl des Familienoberhauptes: Nie mehr eine Silbe von etwas Derartigem!» (Briefentwurf JF/1).

Aber Anna Bernhards Sorge gilt nicht nur Johannes

Freumbichler, sondern auch dem gemeinsamen Freund
und Künstler Rudolf Kasparek: «Es tut mir leid, daß
Rudolf so unglücklich ist, umso mehr, daß ich ihm nicht
helfen kann. Ach, könnte ich doch mit meinen zwei
Händen(arbeit) allen armen Künstlern die Freiheit
ermöglichen.» (Undat. AB – JF/13).

Rudolf Kasparek 1914–1919

Im März 1914 geht Kasparek nach Innsbruck. Er wohnt
im Gasthaus zur alten Post im sog. «Kineschlößl»,
einem «kleinen Schloß» in der Schulgasse 3. Vorüberge-
hend arbeitet er bei der k.u.k Staatsbahn im Laborato-
rium. Als er gekündigt wird, beginnt er Anfang 1915 als
Hilfsarbeiter in einer Salpetersäurefabrik (1914/17).
Zur selben Zeit übersiedelt er in das Försterhaus
«Schupfen» an der Brennerstraße.
   Kasparek fühlt sich sehr einsam. Er hat oft Depres-
sionen. Dazu verschlechtern die Kriegsereignisse seine
seelische Verfassung. Es bewegen ihn weniger politi-
sche Fragen als das Schicksal des einzelnen Soldaten.
Viele müssen im Krieg ihr Leben lassen. «Und es rührt
mich am meisten, daß sie alle, durchaus alle! ihr Leben
gar nicht bemerkten. Man kann kaum darüber nachdenken.» (1914/14).
   Auch die neue Arbeit in Innsbruck sagt Kasparek
nicht zu. Er bekennt aber, daß er selbst große Schuld an
seiner Situation hat, weil ihm «jede Stellung jederzeit ein
Greuel war, daß ich um jede Stellung oftmals hätte froh
sein müssen und ganz im Gegenteil nur dann froh war,

wenn endlich wieder nichts daraus geworden, daß ich schließlich lieber bettelte, mich krank heuchelte, zum Lügner wurde als mir den Greuel aufzubürden . . .» (1914/17).

Er will seine Lage ändern und nach Wien zu Johannes Freumbichler gehen, um ihr beider Leben wieder «aneinanderzuknüpfen» (ebd.) Seine Lebensbedingungen sind aber so schwierig, daß er diesen Wunsch bald aufgeben muß (1914/15 u. 16). Dazu wird sein gesundheitlicher Zustand immer bedenklicher. Das ständige Einatmen der Salpetersäure bei seiner Arbeit ist Gift für die kranke Lunge. Es kommt so weit, daß er von seiner Schwester Bertha gepflegt werden muß (1915/9).

Das einzige, was ihn aufrichtet, ist eine Liebesbeziehung mit einem Mädchen namens Erika, «die alle meine Nichtigkeit und Armut kennt und alles ausschlägt und mich haben will. Ich habe in den letzten Tagen viel daran geschleppt, weil ich mich krank und kränker weiß, als sie ahnt.» (1914/17).

Im Dezember 1914 fühlt sich Kasparek bereits unheilbar krank und ist überzeugt, «vielleicht bald zu sterben» (1914/17). Kasparek hat Tuberkulose. Eine Gelegenheit, in den Süden zu gehen, kann er nicht wahrnehmen, weil er kein Geld hat. Die Anstellung, die er in Bozen in Aussicht hat, wird aufgrund des ärztlichen Gutachtens abgelehnt. Er schreibt zu Jahresende 1914 an Freumbichler: «So bin ich abermals recht hoffnungslos in dieser nördlichen kalten Stadt und muß dem Winter ohne die geringsten Mittel Trotz bieten. Das wird nun voraussichtlich zu einer Katastrophe führen.» (1914/17).

Deshalb schreibt Kasparek noch im selben Brief an Freumbichler vom 28. Dezember 1914, «rechnung tragend mit diesem miserablen Ausgang meines Lebens», seine testamentarischen Wünsche. Ich möchte den Inhalt dieser Verfügungen hier unverkürzt wiedergeben, weil es neben der schriftstellerischen Arbeit Kaspareks vielleicht Spuren freigibt auf der Suche nach seinem literarischen Nachlaß.

«1. Wie ich auch an Wilhelm v. Kleinschmitt schrieb ist meine Hubersche Ausgabe «Fr. (. . . . .) junge Lieder» (vollst. Titel in der Hs. unleserl.) incl. der Dedikationen zu vernichten. Ich hoffe K. ist früher oder später in der Lage, die hierzu nötigen 150M Restbetrag zum Aufkauf zu verwenden. Wenn nicht, so wirst Du es sein, denn es hat Zeit, da ohnedies nichts davon verkauft wird.

Allenfalls (was zu versuchen bliebe) wird oder ist die Sammlung überhaupt eingestampft; dann wäre auch nichts zu bezahlen. Zwecks zweiter Herausgabe, die in neuer Zusammenstellung das Gesichtete also mit einigem Neuen verbindet und soweit möglich noch von mir selbst vorbereitet wird, habe ich zu bemerken, daß sie nicht eher erfolgen soll, als bis Du oder Kl. sie kostenlos bei einem namhaften Verleger unterbringen könnt. Ich will – was allenfalls durch Euch selbst geschehen müßte – das Manuskript in 2 Exemplaren hergestellt wissen, wovon das eine durch Dich und das andere durch ihn in Verwahrung genommen wird, und ich gehe sogleich an die Arbeit. Sollte ich aber unterbrochen werden, so gilt, daß nichts anderes aufgenommen wird, als was das rote Zeichen * trägt, welches ich als erstes mit event. Bemerkungen überall

anbringe, wo es zu sein verdient. Wo es nicht steht, bitte die Bemerkung zu beachten. Was die Reihenfolge (Gedichtanordnung) betrifft, so muß ich ebenfalls auch die Euch beiden überlassen. Überhaupt bitte ich keine Mithilfe, damit zwei dabei sind, schon wegen eines Gedankenaustausches zu versäumen.

2. Meine Prosaversuche, die obwohl gering an Zahl, fast alle der Umarbeitung bedürfen, überlasse ich Dir zu freier Verwendung, d.h. Du kannst sie wenn Du willst auch verbrennen, wie ich dies unlängst schon mit einer Anzahl getan. Am Herzen liegt mir davon eigentlich nur ein Versuch: die Erzählung «Onkel Herbert und seine Braut». Diese bitte ich mit Liebe zu lesen und zu untersuchen und wenn es sein kann, nach den Andeutungen zu beenden. Andernfalls würde ich nichts dagegen haben, sie als Fragment zu drucken.

3. Meine Notizen Anmerkungen Aphorismen Einfälle etc.etc. wären aus allem Mist herauszusuchen, evt. mit Prosa oder Briefstellen zu vereinen und daraus ein kleines Buch zu machen.

4. Mein Briefwechsel mit Dir liegt bereit zu jeder Verwendung, ganz in Deinem Sinne. Nur ist er nicht geordnet. Er wird zum Teil zu vernichten, zum Teil für ein Lebensbild auszubeuten u. hauptsächlich Dir selber biographisch dienlich sein. Also mach was Du willst damit!

Im übrigen ist wenig mehr zu sagen. Ich habe mit meinem Dasein unvernünftig gewirtschaftet; daher das klägliche Fiasko, (. . .) das ist ein Verhalten, das zu beurteilen ein normaler Schädel nicht fähig ist – aber es war natürlich auch der Grund, warum ich scheitern werde.» (1914/17).

Kasparek bittet Freumbichler auch, sich um ihrer Freundschaft willen «für die bessere Nachwelt anzunehmen, indem Du biographisch auf mich zurückkommen und mir ein Denkmal durch Dich selber sichern solltest.» (ebd.).

Fünf Monate später verläßt ihn seine Freundin Erika (1919/9). Er hofft, daß er in Innsbruck gekündigt wird und trotz seiner schweren Krankheit einrücken kann. Wien würde die Möglichkeit bieten, endlich wieder den Freund zu sehen, «trotz aller Ungunst der Zeiten.» (1916/13).

Dieser Brief vom 25. Juni 1916 ist für mich als Bearbeiterin des Briefwechsels von Johannes Freumbichler besonders interessant, weil er dokumentiert, daß Freumbichler selbst an eine Redigierung des Briefwechsels gedacht hat.

«Nach anderthalb Jahren hab ich endlich auch deine Briefe und meine 7 Sachen wieder gerettet. Ich werde sie nach und nach ordnen, was bisher nie geschehen ist. Glaubst Du, daß der Geruch der Unterwelt, der mir so widerlich aus allen diesen Kisten entgegenschläft, noch einmal zu vertreiben ist, oder daß Du allein die Freude haben sollst, Dich an die Sonne zu ziehen? Du unterzeichnest Dich mit Deinem vollen Namen d. h. Du kommst nun langsam drauf, daß er einen Wert hat. Ich muß als mit Dir im Briefwechsel Deinem Beispiele folgen, selbst wenn Du ihn ohne mich redigierst. Sei dann besorgt auch um das geistige Wohl Deines Freundes

Rudolf Kasparek» (1916/13)

Tatsächlich ist Kasparek für den Kriegsdienst tauglich.

Er empfindet es selbst als Ironie. Aber kaum in Wien, muß er im Oktober 1916 nach Kagran in die Rekonvaleszenten Abteilung Nr. 47 des k.u.k. Infanterieregiments Nr. 84 (1916/16). Mitte November 1916 wird er nach Tirol zurückgeschickt. Der neue Wohnsitz ist Mieders. Zur Lungenkrankheit kommen starke Migräneanfälle. Er glaubt sich jetzt auch «zum geistigen Tode» (1916/18) verurteilt. Da er in der Innsbrucker Zeit literarisch sehr aktiv war, ist für ihn diese Vorstellung kaum zu ertragen.

Im Sommer 1916 arbeitete er an einer Erzählung, deren Hauptfigur der «Wegmacher Karl» ist. Schon in Hinblick auf eine Veröffentlichung schrieb er an Freumbichler: «Auch die Reichen, die ihn gewiß nicht gern lesen werden, dürften dabei sehen können, daß der Mensch im Grunde nicht mehr braucht und daß das übrige Luxus ist, mit dem man weniger geizig sein müßte.» (1916/15).

Drei Münchner Erzählungen sind druckfertig. Er sendet sie Freumbichler zur Durchsicht. Eine dieser Erzählungen ist zum Tode Paul Heyses (gest. 2.4.1914 in München) geschrieben. Kasparek will auch an «Onkel Robert» weiterschreiben, «. . . der in Bernried gelassen, in München mangels Nahrung nicht weiter großgezogen wurde und in Innsbruck aus eben demselben Grunde sich verpuppt hat, woselbst er dann bis heute schlief. Vielleicht daß ich ihn diesmal weiterbringe und endlich sterben lassen kann. Die Geschichten, die ich Dir neulich versprochen, haben durch ihn eine Unterbrechung erlitten; umso willkommener wäre mir also sein Abschluß.» (1916/15).

Im Juli 1917 ist der Liederzyklus «Frau Lilo» in der

Endphase (1917/10). Im selben Monat schickt Kasparek Freumbichler die Erzählung «Der Schneider in Verzweiflung» zur Durchsicht (ebd.). Es ist bemerkenswert, daß Kasparek schon im Februar 1914 ein Lustspiel verfassen wollte, das «Der Schneider in Verzweiflung» oder «Der Topf des Glücks» heißen sollte (1914/18). Er machte damals Freumbichler den Vorschlag, es mit ihm gemeinsam zu schreiben. Freumbichler dürfte aber auf diese Idee, in der Kasparek «eine vollkommene Rettung» sah, nicht eingegangen sein.

Das Exemplar des «Schneiders» an die Feuilletonistische Produktion der «M.N.N.» (=Münchner Neueste Nachrichten) wird zurückgeschickt (1917/5). Das Gedicht «Erika» liegt zur Korrektur bei Freumbichler. Er sendet es ihm im April 1917 mit einer starken Kritik zurück. Frau Dr. Horsch, eine Gönnerin Kaspareks aus der Münchner Zeit, kann auch nichts für den Druck der «Erika» tun (1919/5).

Kasparek bekommt in Mieders auch Märchen von Frau Thomsen zur Durchsicht und Korrektur zu lesen (1917/17).

Zu Ostern 1917 wird Kasparek die Freistellung vom Wehrdienst wegen Lungenkrankheit bestätigt (1917/4).

Die Belastungen werden immer größer. Die Schwester Bertha ist in Wien ohne Anstellung. Sie braucht ein Drittel von Kaspareks «Einkünften» (1917/10). Im September 1917 wird Kasparek die Unterkunft in Mieders gekündigt. Der Wunsch, nach Meran zu gehen, ist wieder nicht zu verwirklichen (1917/14). Deshalb zieht er in das «Dichterhaus», einem Gartenhaus am

Ostrand von Mieders. Dort gibt es kein Licht und kein Wasser. Es fehlen ihm auch die nötigen Geldmittel zur Anschaffung von Nahrungsmitteln. Der Hunger ist oft so groß, daß er geistig fast nicht arbeiten kann (1917/17). Er denkt daran, sich durch zeichnerische Vergrößerungen von Fotografien Gefallener und dem Verkauf der Bilder im Geschäft von Rosina Schlager in Henndorf Geld verdienen zu können (1917/16). Aber auch dieser Plan ist aussichtslos.

Im Herbst 1919 hat Rudolf Kasparek einen Blutsturz. Man bringt ihn nach Mieders in ein heizbares Hotelzimmer. Er meint dazu: «Man kann die egoistische Gewöhnlichkeit der Menschen nicht zu Ende denken. Ja, fällt den Leuten denn gar nicht ein, daß sie mir dieses Zimmer schon lange hätten geben können?» (1919/6).

Der Transport in ein Krankenhaus ist zu gefährlich, und Kasparek will auch nicht in das Innsbrucker Krankenhaus, denn «die Sphäre eines solchen Hauses (ist) für mich eher alles als fröhlich, und der mangelnde Anstand, mit dem überall Tabernakel aufgestellt sind und allerorten laut gebetet wird (sogar in der früh, wenn man oft erst eingeschlafen ist) hat mich schon den Februar 17 genug gepeinigt.» (1919/6). Er bleibt im Hotel in Pflege.

Am 30. November 1919 schreibt Kasparek den «letzten Brief» (1919/6, hs. Anm. v. JF) an Johannes Freumbichler: «Der Winter mit seiner Strenge hat mich schnell überholt ... Die Nächte sind eine wahre Plage. Der Morgen meist gänzliche Erschöpfung und erst gegen 1/2 11, wenn ich eine Weile auf war und dann eine halbe Stunde am Sofa lag, wird mir annähernd

1. Dezember 16

Die Nächte sind eine...

Dein
herzlicher Friedemann
R.

menschlich. Dann verschwindet für eine Weile das Gefühl, daß ich eigentlich überhaupt nicht mehr recht zusammenhänge. Ich werde Dir also vorderhand nicht recht oft schreiben können, aber hin und wieder nehme ich zu einem Brief vielleicht sogar eine Zuflucht ... Kurzum, mir ist sogar zum Sterben hier zu kalt. Sei mir einstweilen gegrüßt, ich hoff, Du schreibst gelegentlich wieder – und leidest weniger an Kälte

       Dein nächtlicher Gliedermann RK.» (1919/6)

Literarische Denkabläufe hat Kasparek nur noch im Fiebertraum: «Gering verschwunden ist aus mir der Dichter. Nur in den Fiebernächten, sofern mich nicht schreckliche menschliche Fratzen plagen, ist er hin und wieder dunkel tätig. Es geht aber alles verloren; nur über eines will ich noch denken: über den Plan zu einer recht volksmäßigen d.h. gewöhnlichen Komödie, denn dazu hat irgendjemand im Fieber mich ausdrücklich angeregt und aufgeboten.» (ebd.).

Rudolf Kasparek war, als er diesen letzten Brief an Freumbichler schrieb, 33 Jahre alt. Er starb am 27. Jänner 1920 in Mieders.

WIEN

Ende Juli 1916 übersiedelt Johannes Freumbichler mit Anna Bernhard in die Wernhardstraße 6/3/13 im 16. Wiener Gemeindebezirk.

Hertha und Farald verbringen die meiste Zeit der Kriegsjahre bei den Verwandten in Henndorf. Sie helfen «Tante Rosa», die fußleidend und oft bettlägrig ist, im Geschäft und in der Fremdenpension. Damit sind die Eltern in der wirtschaftlichen Krisenzeit, die besonders die Großstädte getroffen hat, doch entlastet.

Dennoch braucht Johannes Freumbichler die Unterstützung von Frau Thomsen. Sie schickt weiterhin Geld, obwohl sie von Freumbichler enttäuscht ist, weil sich literarisch «kein Erfolg abzeichnet» (1916/24). Sie ist zwar vom Manuskript des «Eduard Aring» begeistert («Die Schilderung des bäuerlichen Lebens am Aringhof ist sehr hübsch und die kleinen Dorfgeschichten recht gut beobachtet», 1916/22), aber wieder hat sie nur Unveröffentlichtes finanziert. Im Dezember 1917 sendet ihr Freumbichler die Erzählung «Der Spion» (1917/19).

Die literarischen Arbeiten während der letzten zwei Kriegsjahre werden erst zu Beginn des Jahres 1918 veröffentlicht. Im 54. Jahrgang der «Deutschen Romanzeitung und Romanbibliothek», einer Berliner Familienwochenschrift, erscheinen die Erzählungen «Die Nacht im Lusthause», «Die Hochzeitsnacht» und «Traumbild».

Im Heft 17 beginnt auch der Abdruck von «Eduard Aring».

Von Oktober bis Dezember 1918 arbeitet Johannes Freumbichler bei den österreichischen Industriewerken Warchalowski Eissler & Co als Schreibkraft.

Im Sommer 1919 macht er die Bekanntschaft Franz Karl Ginzkeys (1919/5). Im November 1919 erscheint in der «Romanzeitung» die Erzählung «Satansmühle» (1919/7).

1919 machen sich Hertha und Farald von den Eltern selbständig. Farald arbeitet bei Justin Bischof in Grub im Kanton St. Gallen, Hertha bis August 1921 in Zürich als Haushälterin.

Am 14. November 1920 stirbt Maria Freumbichler im 78. Lebensjahr. Die Mutter hat ihren Sohn zeitlebens unterstützt. Freumbichler hat ihr oft Gedrucktes oder Unveröffentlichtes zum Lesen geschickt. Ein Jahr vor ihrem Tod schrieb sie ihm diese Geburtstagswünsche: «Lieber Hans! Jetzt sind 38 Jahr das Du auf die Welt kamst. Viel hast Du erlebt wenig gutes und schlechtes viel. Gott gebe das es von jetzt an besser geht. Bethe zu Gott und vertraue auf im und er wird Dir weiter helfen und werdest mer Glück haben bis jetzt her. Die Schicksale sind oft Wunderbar. Ich wünsche Dir recht Glücklichen Geburtstag froh und Munter, mit deiner Familie, mache der nur selbst kein Verdruß. Man muß immer das besere denken sonst kan man nicht glücklich sein. Gott gebe das auch Deine Arbeiten gelingen. Vielmal Grüßent Mutter» (1919/4). Auf den Brief der Mutter vom 22. Dezember 1913 machte Freumbichler eine Randbemerkung: «Oh Gott! Unser Briefwechsel! Was barg er im Grunde für eine Seeligkeit!» (1913/4).

Der Vater, Josef Freumbichler, starb am 1. Juni 1909.

Nach dem Krieg war es auch für Frau Thomsen schwierig, Pakete und Geld nach Wien zu senden. Da Südtirol nicht mehr zu Österreich gehört, gibt es meist langwierige Erschwernisse mit dem Zoll.

1920 hat Frau Thomsen in der Wendtlandvilla in Gries einen Maler untergebracht. Er ist ein Schüler von Egger-Lienz (1920/7). Ein anderer Schützling von ihr ist ein Maler namens Hepperger, der 1923 in Graz eine Staatsmedaille erhält (1923/2).

Anna Bernhards geregeltes Einkommen ist für Johannes Freumbichler noch immer die einzige Möglichkeit, um ausschließlich schreiben zu können. Er macht ihr aber diese Aufopferung und ihr Verständnis für sein künstlerisches Schaffen nicht leicht. Ständig ist er verärgert, weil er sich allein um den Haushalt kümmern muß (1920/8). Er will «atmen» können. Deshalb denkt er daran, Hertha aus der Schweiz zu holen. Sie soll ihm den Haushalt führen; er könnte sie in Rechtschreiben und Stenographie unterrichten, damit sie später in Wien eine Stelle als Kontoristin annehmen kann (1920/8). Wenn die Tochter ihn betreut, dann ist es auch in seinem Sinne, daß Anna Bernhard auswärts arbeitet und für den Unterhalt der Familie aufkommt. Nur von ihrer Leistung macht er es abhängig, daß er die sorgenfreie Ruhe findet, die er zum Erfolg braucht. Er schreibt: «Auch für uns denke ich eine Sicherung für die Zukunft zu schaffen, sodaß wir beide vor der Sklaverei gesichert sind. Doch geht das nur, wenn Du eine gewisse Zeit bleiben kannst und Dein Verdienst per Heller und Pfennig zurückgelegt

wird.» (1920/8). Die Zeit, die er sich für die Zukunft freihalten will, begrenzt er auf ein Jahr: «Oh, wenn ich die Möglichkeit habe, ein Jahr zu atmen, wird sich unser Schicksal gründlich wandeln.» (ebd.)

Obwohl Anna Bernhard in den Sommermonaten 1921 nicht in der Wernhardstraße wohnt, sondern Frau Konetschny in der Karolinengasse 14/1 den Haushalt führt, fährt Johannes Freumbichler Mitte Juli nach Kaiserleiten (in der Nähe von Henndorf), um «in Ruhe schreiben zu können.» (1921/13). Er wohnt auf einem Bauernhof und macht viele Spaziergänge (1921/8). Mittags ißt er im Gasthaus «Gerbl» (1921/7).

Die literarische Arbeit in Kaiserleiten ist ergiebig. Am 21. Juli ist das Bühnenstück «Das Opfer» fertig und einige Tage später eine Novelle (1921/11). Frau Bauer schreibt das Theaterstück rein (1921/17), und Freumbichler schickt das Typoskript zu Max Mell nach Pernegg. Am 28. August 1921 schreibt ihm Mell zurück. Er ist von Freumbichlers Begabung überzeugt, glaubt aber, «daß es dieses Stück noch nicht sein wird, das Ihnen Erfolg bringt, da sein Thema nicht von der Art ist, wie man es sich auf die Bühne zu bringen traut.» Das Stück sei zu revolutionär, zu parteilich. Die Volksbühne in Andritz käme zwar in Betracht, aber «einen Helden, der sich lieber erschießt als daß er Geistlicher wird, zu propagieren, erschiene ihnen sicher schon aggressiv gegen die Kirchen. Und das wagt kein Bühnenleiter.» Außerdem wolle das Volk einen tätigen Menschen sehen und nicht einen einsamen. «Sehr reizvoll sind die Nebenfiguren, alle sind plastisch, fühlbar, erfreulich! Sie haben ganz gewiß das Zeug zu einem Bühnendichter, schreiben Sie mit voller Freude

Das Kind, das der Vater in seinem lebenslänglichen Kunstwillen *nicht in die gewöhnliche, sondern in die hohe Wiener Ballettschule geschickt hatte, um es als Tänzerin an der Hofoper ausbilden und eine Ballerinenkarriere machen zu lassen, und welches diesem ihm von seinem ehrgeizigen Vater aufgezwungenen Ballettmartyrium nur durch eine plötzlich und heftig ausgebrochene Erkrankung hatte entkommen können.* (A 120)

weiter, es wird Ihnen gelingen, noch einen Erfolg zu erzielen, das Bäuerliche fände in Ihnen einen weit besseren Darsteller als sonst einer da ist.» (1921/6).

Im August 1920 hat Freumbichler bereits Frau Clarita Thomsen vom Plan dieses Theaterstücks geschrieben (1920/5). Fast eineinhalb Jahre später meint sie zum fertigen Stück, ohne wie Max Mell «Das Opfer» gelesen zu haben: «Wenn ich nicht irre, hatten sie ein Bühnenstück in Arbeit. Es ist wohl sehr schwer, damit gleich das richtige zu treffen, da sie ja auch nicht der Mann sind, Schlager für das Publikum, besonders das heutige Publikum zu arbeiten. Es gehört auch wohl etwas eigenes dazu für die Bühne zu arbeiten, aber Sie werden sicher weiterarbeiten auf diesem Gebiet.» (1921/2).

(Den letzten Brief von Frau Thomsen erhält Johannes Freumbichler am 18. Dezember 1923 (1923/3).)

Am 2. August 1921 beginnt Freumbichler mit der Novelle «Mandarinenschnitzer» (?) (1921/11).

Hertha beendet erst jetzt ihre Arbeit in Zürich und besucht auf der Heimreise nach Wien ihren Vater in Kaiserleiten. Es scheint in beiderseitigem Einverständnis, daß Freumbichler ihre Ersparnisse aus der Schweiz für sich in Anspruch nimmt (1921/15). Freumbichler ist es nie angenehm gewesen, Hertha als Dienstboten zu wissen. Deshalb schwebt es ihm vor, sie in Wien als Tänzerin ausbilden zu lassen (1921/6, 1922/3).

Am 15. August 1921 fahren Freumbichler und Hertha nach Wien.

Obwohl Anna Bernhard alles tut, um ihrem Mann die größten Geldsorgen zu nehmen, spürt sie seinen Mißmut: «Mir ist als fände ich zu Hause wohl einen

Lieben. Das bringt mich um alle Ruhe.
Verstehst du mich? —

Meine Nachbücher bergen einen
solchen Reichtum, daß Bergmann sie
darein Meisterstücke der Narrheit
wäre. (Schaffe mir zwei Jahren sorgen=
freies Leben, und ich schenke dir ein
Bürgerrecht! — Du hast dich über den
armen Knaben aufgeregt. Ich auch
dich schelten. Ich will, außer der Stille und
ruhig wie ein Fräulein Wunderschön
leben. — Ich arbeite seit 3 Tagen im
3 Schreibt. Da habe ich einen köstlichen
Ruhe.

Vincule, mein Herz, Herder
zürnt. Du wirst von Tag zu Tag geschaiter.
Tre, getreust von Deinem

Hans

warmen Ofen, aber kein warmes Herz.» (1922/1). Aber sie trägt auch diesen Schmerz um seinetwillen: «Der Gedanke, wie ich Dich ganz befreien könnte, beschäftigt mich Tag und Nacht. Wie sehr mußt Du innerlich leiden, daß Du zu dem geworden bist, was Du heute bist. Dein Weg sei der meine oder das Leben hat allen Wert verloren für mich.» (ebd.)

Ab Juli 1922 arbeitet Anna Bernhard als Pflegerin bei Frau Strnad, einer Gastwirtin in Rabensburg in Niederösterreich. Und Freumbichler: «Ich sitze in meiner Zelle, schreibe am Roman und denke immer an dich.» (1922/2).

Als seine Schwester Rosina in Henndorf im Sommer bettlägrig und deshalb nicht in der Lage ist, die Gäste zu betreuen, bittet sie den Bruder, ihr Hertha als Aushilfe zu schicken. Freumbichler erlaubt es nicht, denn er «kann allein nicht existieren.» (1922/3).

Die Wirtschaftskrise dieser Jahre trifft auch Freumbichler hart. «Wie lächerlich und entwürdigend ist dieses Elend», schreibt er an Anna Bernhard am 28. Juli 1922 (1922/6). Die Teuerungen nehmen täglich zu: «wie wird das werden?» (1922/9). Anna Bernhard muß jetzt durchhalten, damit sich seine literarischen Pläne verwirklichen. Denn Freumbichler arbeitet gerade an einem Roman: «Der Roman geht rüstig vorwärts und ich glaube mich nicht zu täuschen, da es diesmal etwas ganz Vortreffliches gibt. Aber es ist noch viel zu überwinden.» (1922/9). Außerdem will er die «Salzburger Lieder» im Frühling 1921 «selbst!!» (1922/16) drucken. Auch die Fülle in den Notizbüchern sei ein Grund, jetzt nicht aufzugeben: «Meine Notizbücher bergen einen solchen Reichtum, daß Verzweifeln

einfach ein Meisterstück der Narrheit wäre.» (1922/16). Und wieder bittet er um Zeit: «Schaff mir zwei Jahre ein sorgenfreies Leben, und ich schenke Dir ein Königreich.» (ebd.)

Weil keine Wende abzusehen ist, sieht Freumbichler seine Erfolglosigkeit als Folge der Unordnung im Haushalt. Jetzt wäre es ihm wieder lieber, wenn Anna Bernhard zu Hause bliebe. Er will zwei Strickmaschinen anschaffen, damit sie ab Herbst 1922 in Heimarbeit Geld verdienen kann. Dann soll sie den Haushalt aber «lautlos» (1922/14) führen. Am 14. September 1922 beendet Anna Bernhard ihr Arbeitsverhältnis in Rabensburg (1922/19).

Im Spätsommer 1924 muß Anna Bernhard wieder eine Pflegestelle annehmen. Ab September arbeitet sie in Pritzleinsdorf (1924/1). Sie bleibt nur einen Monat. Von Oktober 1924 bis Anfang des Jahres 1925 hat sie eine neue Stelle bei Frau Agathe Kornfeld, Wien 18, Julienstraße 38.

Freumbichler schließt im Jänner 1925 einen Roman ab (1925/2).

Mit Dezember 1926 ist Anna Bernhard bei Herrn Insp. Erich und Lotte Bruckmann in Probstdorf in Großenzersdorf. Sie ist dort Pflegerin der jungen Frau und betreut deren zwei Kinder (1927/16). Während dieser Zeit lebt Johannes Freumbichler in der Wernhardstraße allein, denn auch Hertha arbeitet auswärts. Anna Bernhard kann ihn nur an ihren freien Tagen besuchen, um Wäsche und Wohnung in Ordnung zu bringen. An den Wochenenden geht Freumbichler noch immer zu seiner Schwester Marie essen. Ihr Sohn Roland ist inzwischen Mitarbeiter bei der «Arbeiterzei-

Darunter hatte zeitlebens seine Umgebung zu leiden, vornehmlich seine Frau, meine Großmutter, wie auch meine Mutter, die ihm diesen Zustand der totalen schöpferischen Isolation durch ihre tatkräftige Hilfe ermöglichten. Sie hatten, von ihrem eigenen Leben bezahlt, und der Preis ist der höchste gewesen. (Ke 100)

Aber sie alle achteten ihn wie keinen anderen Menschen und ermöglichten ihm, zu tun, was er wollte, und liebten ihn. Sie glaubten an ihn und entrückten ihn. (Ke 102)

tung» und wie sein Vater Maler (1927/19), Fernanda ist Tänzerin.

Als Anna Bernhard im Dezember 1926 mit der neuen Arbeit in Prostdorf beginnt, setzt Freumbichler wieder einen «neuen Anfang»: «Und was nun mich anbelangt, so fange ich in dieser heiligen Minute an, mich, wie eine Raupe einzuspinnen, aber schon gründlich und ernstlich, wie vielleicht noch nie in meinem Leben, was ich anstrebe muß geschehen, oder das Dasein hat für mich keinerlei Wert. Dazu brauche ich eure restlose, bedingungslose Hilfe und Aufopferung.» (1926/4).

Hertha arbeitet seit 1925 bei Frau Handofsky in Wien (1927/44). Auch sie gibt dem Vater monatlich Geldzuwendungen.

Trotzdem ist Freumbichler erfüllt von Lebensüberdruß und Lebensekel. Der demütigende Gang ins Leihhaus um Schreibmaschine, Schuhe, Anzug oder Mantel machen ihn oft schwermütig. Dazu kommt: «Es ist noch immer ein starkes Gift in mir, das ich, trotz aller Anstrengungen nicht herausbringen kann. Es ist das Gift der Erfolglosigkeit, das heißt des Mißerfolgs. Habe oft Stunden tiefen Grauens», schreibt er am 20. Jänner 1927 (1927/20). Aber er gibt nicht auf. Vier Tage später beginnt er mit einem neuen Roman. 130 «Salzburger» sind fertig.

Der Briefwechsel zwischen Johannes Freumbichler und Anna Bernhard in den Jahren 1927 und 1928 ist ein einzigartiges Dokument über Freumbichlers ständigen Stimmungswechsel. «Das Grundübel ist das Fehlen von Sicherheit und Behaglichkeit, die Voraussetzungen, auf meinem Gebiet etwas zu leisten», schreibt er im Februar

1927 (1927/23). Die Haltung Anna Bernhards bleibt unverändert. Sie ermutigt ihren Lebensgefährten in Tagen seelischen Tiefs und glaubt fest an den Künstler in ihm. Sie schreibt ihm: «Du bist seelisch sehr herabgestimmt und mich erfaßt oft so eine Angst, ach so eine heiße Angst. Du darfst nicht verzagen, es muß auch für Dich der Tag der Befreiung aus finsterer Kerkernacht kommen. Ich meine halt Du grübelst zu viel. Wenn Du Dein wertvolles Leben wegwirfst wird man mitleidig sagen, naja er war halt doch ein Schwächling . . . ich werde Dir alles geben, nur daß Du überhaupt lebst und da bist. Es wird schon noch an den Tag kommen wer Du bist. Schreibe nur weiter, ohne Groll gegen die Menschen, die die Erde verseuchen. Schreib für die Ungeborenen . . . Wenn ich auch nur ein schwaches Weib, fühle ich mich doch stark genug Dir als fester Stock zu dienen, auf den Du Dich stützen kannst . . . Denke an mich, die nichts in Dir sieht, was nicht rein, edel und groß ist.» (1927/21).

Kraft schöpft Freumbichler wieder mit dem Gedanken eines völligen Neubeginns: «. . . so elend war ich diese Woche über! Aber auf die Gefahr hin, daß Du mich auslachst, sage ich Dir, daß ich meine Sache, meine Lebenssache noch einmal so beginne, als ob ich erst anfangen würde. Ich bedarf bloß des Mutes, den ich am Anfang, in der Meraner und späteren Zeit besaß, und ich erreiche mein Ziel. Vor 1–2 Jahren können wir keine materiellen Vorteile davon erwarten.» (1927/27). Anna Bernhard erwartet nichts. Ihre Ansicht über ihre Lebenslage geht über das Materielle hinaus: «Die jauchzenden Gefühle, die ich oft durch Deinen Besitz empfinde, können durch Elend, Not und äußere

Die materielle Not war bitter. Es war die Zeit der größten Arbeitslosigkeit und der höchsten Selbstmordrate. Auch mein Großvater soll täglich mit Selbstmord gedroht haben. Unter seinem Kopfpolster soll er eine schußbereite Pistole liegen gehabt haben. (Ki 63/64)

Enttäuschung nicht verdrängt werden. Hand in Hand wollen wir weiterhin wandern, mag der Weg ins Glück oder ins Verderben führen. Du wirst schon noch Dein Ziel erreichen . . . Aber wie es auch sei, so ein gewaltiges Schicksal wie wir haben, muß auch seine schönen Seiten haben.» (1927/31).

Im April 1927 setzt Freumbichler mutlos nochmals einen Anfang. Die «Leere in der Kohlenkiste» (1927/36) verdrießt ihn. Die Frühlingswende soll den neuen Schwung begleiten: «Ich will die 1–2 Wochen noch hinüber dulden, und dann wieder mit höchster Anstrengung beginnen. Kein Tag darf mehr verloren sein. Hertha weiß, was ich von ihr jeden Ersten erwarte, ohne Ausnahme.» (ebd.) Und wieder gibt er sich eine Jahresfrist: «Ich bin entschlossen, wenn ich innerhalb eines Jahres keine Änderung erzwingen kann, mein Leben wegzuwerfen. Es ist ein schmutziges (buchstäblich!) Dasein, ich habe es satt . . . Es steht in den Sternen geschrieben, ob unserem Streben eine Erfüllung zuteil werden soll oder nicht. Und wenn nicht, so will ich den schwarzen Würfel fallen sehen. Mein Herz scheint schon jetzt tot zu sein, von zu viel Denken durchbohrt, scheint es nichts mehr zu empfinden.» (1927/36). Anna Bernhard antwortet sofort auf seine Niedergeschlagenheit: «Ich bitte Dich, kann Dich nur bitten, Du sollst Dich aufraffen. Ach, daß es mir gelänge Dich aus dem Labyrinth der Melancholie und Trostlosigkeit heraus zu führen. Höre doch die Stimmen Deiner göttlichen Kräfte. Du ringst mit Gott und dem Teufel. Lasse Dich nicht niederringen. Du bist da, um eine große Aufgabe zu vollbringen und nun bist Du wegmüde. Ich glaube an Dich und meine Verehrung für

m.l.d.   Wien, 8. I. 27.

Dich erfüllt mich wie eine Religion die Gläubigen. Ich möchte Dir gerne jetzt beistehen in diesen schweren Tagen.» (1927/37).

Einige Tage später ersucht Dr. Drasenaric aus Graz Johannes Freumbichler um eine Kalendergeschichte. Der Verleger Speidel lehnt einen Novellenband ab, bittet ihn aber um einen Roman mit der Begründung: «Es wäre jetzt eine günstige Gelegenheit zur Veröffentlichung.» (1927/38). Gleich bringt er das durchgearbeitete Romantyposkript «Jörg Hoffegott» zur Reinschrift zu Frau Vagacs (Wien 7, Kandlgasse 35/11). An Anna Bernhard schreibt er: «Das Erscheinen des Romans würde dermaßen ermutigend auf mich wirken, daß sich alle unsere Hoffnungen noch verwirklichen würden. Aber nach den gemachten Erfahrungen ist mein Glaube schwach, sehr, sehr schwach ... Jedenfalls bleibt mir nichts übrig, trotz tiefster Armut, Entmutigung, der abscheulichen Lage meiner Familie, die mir das Herz jeden Tag, ja jede Stunde zerreißt, trotz völlig geschwächten Körpers, trotz ständiger Hilflosigkeit und Verzagtheit, neue Vorwürfe zu beginnen.» (1927/38). Er wiederholt die vor zwei Wochen gestellte Forderung an sich: «Ich werde mich noch ein Jahr aufs äußerste anstrengen.» (ebd.)

Drei Wochen später noch einmal: «. . . die abscheuliche Umgebung, die Häßlichkeit dieser Räume und das ganze Hundeelend (wirken) als immer leicht fühlbare hemmende Gewichte. Doch wie immer: Ein Jahr höchste Anstrengung! Dann weiter sehen!» (1927/40). Einen Tag darauf will er wieder ganz von vorn anfangen: «Jetzt will ich meine ganze geistige Existenz in Neuordnung bringen und wenn dies geschehen, in

. . . er hatte sich isoliert und mit sich im Laufe der Zeit seine ganze Umgebung, seine Frau, meine Mutter und deren Mann und wieder deren Kinder, und also auch mich isoliert, mein Großvater war vollkommen unfähig gewesen in der Kontaktaufnahme und war isoliert von allen, gleich welcher Herkunft, gleich welcher Gesellschaft, gleich welcher Natur (Ke 104/105)

Die Isolierung ist lange Perioden eine totale Isolierung des Körpers wie des Geistes, indem ich mich vollkommen und unbestechlich meinen Bedürfnissen unterwerfe, werde ich mit mir fertig. (Ke 149/150)

Er hätte Priester und Bischof werden sollen und ursprünglich Politiker, Sozialist, Kommunist werden wollen und ist wie alle, die sich im Schreiben versuchen, aus Enttäuschung über alle diese unmöglichen Kategorien, ein über diese Kategorien und Idiotien und Philosophien philosophierender Schriftsteller und naturgemäß in dieser seiner Schriftstellerei verlorener Einzelgänger geworden. (Ke 99/100)

Er war kein mitteilsamer Mensch, und er haßte die Gesellschaft. Er hatte sich mit seiner Arbeit, mit seinem Lebenswerk als Schriftstellerei eingekerkert, sich aber die Freiheit genommen, allein zu sein und alles andere zu unterwerfen. (Ke 100)

einigen Wochen, gewißermaßen neu anfangen.» (1927/41).

Drasenaric nimmt eine Kalendergeschichte und ein Gedicht (1927/41).

Freumbichlers Selbstbewußtsein steigt momentan ins Unermeßliche. Bei der Lektüre eines seiner Gedichte aus den «Salzburgern» meint er: «Das stirbt nicht in tausend Jahren.» (ebd.)

Im Juli 1927 ist die Reinschrift des Romans fertig. Er schickt «Jörg Hoffegott» an den Deutschen Verlag (1927/47). Max Mell macht ihm Mut (1927/59), aber Freumbichler hat wenig Hoffnung: «Ich bin restlos isoliert, da liegt mein Unglück» (1927/47). Aber er beginnt trotzdem gleich mit etwas Neuem: «An einem neuen Roman habe ich zu arbeiten begonnen, aber wenn das Schicksal gar kein Einsehen hat, wie soll das enden?» (ebd.)

Anna Bernhard schreibt er Worte, die auch für ihn selbst gültig sind: «Sehne Dich nicht nach Freiheit. Nimm an, daß der Zustand, in dem Du Dich befindest, der Notwendige ist, und Du wirst nicht leiden. Wenn *ich* mich meinem Gram hingebe, den Du wohl nur ahnen kannst, so lebe ich morgen nicht mehr.» (1927/48). Diese Aussichtslosigkeit führt ihn in tiefe Menschenverachtung: «Wir müssen nach außen tun, als ob wir Teilnahme hegten, nach innen aber völlig unbewegt bleiben. Wer durch diese Welt kommen will, muß sich mit einem Panzer von Rohheit umgeben. Die meisten, die allermeisten, brauchen keinen solchen Panzer, sie sind schon von Natur durch und durch roh. Seine Gefühle muß man nur für ganz Wenige haben, oder wenn keine Würdigen hier sind, für niemand. Ich fange

Er war ein Einzelmensch, er war gemeinschaftsunfähig, untauglich also für jede Anstellung. Bis zu seinem fünfundfünfzigsten Lebensjahr verdiente er praktisch nichts. Er lebte von Frau und Tochter, die bedingungslos an ihn glaubten. (Ki 66/67)

an, die Menschen grenzenlos zu hassen.» (1927/64).

Abgewendet und abgeschlossen von den Menschen gilt seine Aufmerksamkeit noch mehr dem Schreiben. Im Neujahr will er «die Alpenländischen» drucken: «Damit haben wir den ersten Schritt zur Verwirklichung unseres Projekts getan, und wir werden es erreichen, wenn wir fest und ausdauernd bleiben», schreibt er am 6. September 1927.

Zwei Wochen später muß Freumbichler seine Arbeit wieder unterbrechen (1927/67). Er ist seelisch nicht in der Lage zu arbeiten. Anna Bernhard richtet ihn auf: «Es ist wohl die Tragödie Deines Genies, daß Du so einsam, so allein und unglücklich sein mußt. Was Deine augenblickliche Geistesnot betrifft, wird sich das geben mit der Besserung der Lebensverhältnisse.» (1927/68).

Anna Bernhard lebt in besseren Lebensverhältnissen. Die Bruckmanns verwöhnen sie, und sie muß nicht unter solcher Armut leiden. Man nimmt sie in die Familie auf; sie darf anwesend sein, wenn Gäste vom Schloß «Sachsengang» geladen sind und nimmt interessiert an den Gesprächen über Kunst teil. Aus ihren persönlichen Erfahrungen weiß sie von den Besonderheiten und Eigenheiten eines Künstlers. Und sie kennt ihre Aufgabe: «Eine Künstlerfrau muß ebenfalls ein Genie sein, und ein Dutzend Frauen in sich vereinigen können. Man muß es verbergen können, wenn man zärtlichkeitsbedürftig zu ihm kommt und er sich mit einer Mauer von Kälte umgibt. Es tut weh, man kommt sich hilflos vor, nichts bedeutend. Der Künstler liebt nur seine Kunst und die macht ihn zum Egoisten. Zum edlen Egoisten. Er vergißt, was um ihn und man geht nur hinterher, aber er duldet kein Mitsichgehen. Er ist

die Beute seiner Stimmungen und immer gespannt, verträgt keine Fessel auch nicht die zarteste. Man muß ihn tun und machen lassen was er will ohne nach Gründen zu fragen. Nichts erwarten, alles geben, still sitzen, wenn er seinen Stimmungen verfallen, und eingehen auf seine hellen Stunden. Höchstes Gebot, ihn mit all dem von Herzen lieben und sich selbst ausschalten. Ändern tut er sich nicht.» (1927/68). Ein Artikel in der Presse über andere Künstlerehen veranlaßt sie fast ein Jahr später zu den stolzen Worten: «Ich las mit größtem Interesse. So berühmte Männer und so böse Frauen.» (1928/24). Im selben Brief vom 22. Juni 1928 erscheint Anna Bernhard als frei denkende Frau: «Die Mehrzahl der Frauen durften sich ihren Männern gegenüber nicht so zeigen wie sie wirklich waren, denn Sinnlichkeit merken zu lassen war streng verboten. Gefühlt haben die Frauen früher auch nicht anders als heute nur sagen durften sie es nicht: so sind wir. Heute darf man eben außer Mutter und Gattin auch die Geliebte des Mannes sein.» (ebd.) Dies überrascht, denn sieben Monate vorher faßte Johannes Freumbichler wegen seiner Erfolglosigkeit den Entschluß: «Wir müssen ... mehr als Kameraden leben ... und den Blick auf eines richten: meine Arbeiten! Wir wollen ganz fest und innig zusammenhalten, dann werden wir, dessen bin ich gewiß, an ein siegreiches Ende gelangen.» (1927/75). Anna Bernhard ist einverstanden: «Ich kam zu Dir und bleibe bei Dir was immer auch kommen mag. Ich verlange nichts und verzichte auf alles, nur verachten darfst du mich nicht als wertloses Geschöpf ... Ach, könnte ich Dir nur helfen, Dich retten ehe es zu spät.» (1927/76).

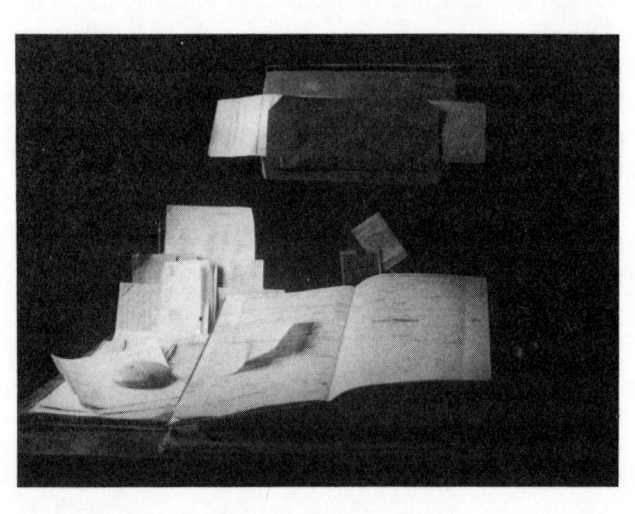

Johannes Freumbichler arbeitet jetzt noch mehr. Er steht täglich um 3 Uhr früh auf und beginnt zu schreiben. Am Nachmittag macht er einen langen Spaziergang nach Breitensee und geht dann früh zu Bett.

Im November 1927 sind die «Salzburger Lieder» fertig. Frau Vagacs schreibt sie rein. «Jörg Hoffegott» wird vom Deutschen Verlag zurückgeschickt. Aber Anna Bernhard fängt die Enttäuschung ab: «Einmal kommt auch für Dich die Stunde, das heißt der Mann, der erkennt, wen er vor sich hat.» (1927/72). Wegen der Ablehnung des Romans will Freumbichler, daß Anna Bernhard wieder zu Hause ist, damit er durch eine «Regelmäßigkeit in der Ernährung» (1927/76) besser arbeiten kann. Er inseriert in der Zeitung, um ein Pflegekind zu ermitteln, das sie dann zu Hause betreuen könnte. Obwohl Anna Bernhard nicht von Probstdorf weg möchte, richtet sie sich ganz nach Freumbichlers Wünschen: «Es ist gleichgültig, was *ich* mache, aber nicht was *Du* machst. Liebster, wir müssen alle Kräfte anspannen. Hertha und ich müssen alles daran setzen, oder wenn alles vergeblich das Leben aufgeben.» (1928/16).

Am 28. Mai 1928 schreibt Dr. Ernst Haeckel aus Budapest. Er hat die «Salzburger Lieder» gelesen und will sie für eine wissenschaftliche Arbeit über österreichische Mundartdichtung verwenden (1928/4). Im Juli 1928 nimmt er einige Lieder in sein Werk auf (1928/25).

Anna Bernhard gibt ihre Stelle in Probstdorf nicht gleich auf. Deshalb findet sie Freumbichler bei ihren Wiener Besuchen oft bedrückt: «Ich dachte nach solchen Eindrücken meiner Besuche immer wieder

Die Tochter sollte in dem allerhöchsten Musentempel des Reiches Karriere machen und hatte tatsächlich alle Voraussetzungen dazu, wie ich weiß, und landete staubwischend in den Vor- und Schlafzimmern der Neureichen Döblings und in diversen Küchen in der Gegend der Währinger Hauptstraße. (Ki 62)

Sie war tatsächlich, wie sie selbst sagte, ihrem Vater hörig gewesen, und ihre Liebe zu ihm war von ihm niemals in der gleichen Intensität erwidert worden, woran sie ihr Leben lang zu leiden gehabt hatte. Mein Großvater war kein guter Vater seiner Kinder gewesen, er hatte überhaupt keinerlei ernsthafte Beziehung zu seiner Familie gehabt und haben können, wie er nie ein Zuhause gehabt hatte, denn sein Zuhause war immer nur sein Denken gewesen, und seine Familie waren die großen Denker, in welchen er sich geborgen, gut aufgehoben fühlte wie nirgends sonst, wie er einmal gesagt hat. (A 120/121)

120

nach, was ich tun soll, wie ich Dir helfen könnte, fand aber aus der Sackgasse nicht heraus. Nur eines weiß ich: Leben mußt Du. Mußt der Welt noch von Deinen Reichtümern, von denen bisher nur ich genieße, geben. Ein Mensch von solchem Geist darf nicht zu Grunde gehen.», schreibt sie am 23. Mai 1928 (1928/21).

Im Oktober 1928 kündigt sie bei den Bruckmanns. Sie nimmt vorerst noch eine Stelle bei «Frau Hedda» in Wien-Mödling, Bergstraße 6, an, bleibt aber ab September 1929 zu Hause. Mit Näharbeiten will sie sich weiter helfen. Sie weiß, daß Freumbichlers literarischer Erfolg nur von ihrem Einsatz abhängt: «Unser Kind, das allerdings etwas zu lang ausgefallen ist, nehmen wir unter unseren Schutz und Schirm und durch meinen Fleiß werde ich unser tausendmal geflicktes Lebensschiff schon noch ans Ziel bringen. Nur Du, Liebes, fasse Mut und versuche zu arbeiten. Wir müssen uns alle recht vom Herzen lieben und alle uns in den Dienst der schönsten Sache stellen.» (1929/18).

Hertha Bernhard 1927 bis 1934

Von 1927 bis 1929 ist Hertha Bernhard in Wien bei verschiedenen Familien als Haushälterin beschäftigt. Sie sieht es als ihre menschliche Pflicht, für den Vater alles zu tun, um ihm eine sorgenfreie Atmosphäre für seine schriftstellerische Arbeit zu schenken. Wie Anna Bernhard hilft auch die Tochter aus tiefer innerer Zuneigung. Einmal schreibt sie an Johannes Freum-

. . . mein Vater, der Bauernsohn und Tischler, hatte sie verlassen
und sich nicht mehr um sie und um mich gekümmert, er ist, unter
welchen Umsänden ist mir niemals und also bis heute nicht
bekannt geworden, gegen Kriegsende in Frankfurt an der Oder
umgebracht, erschlagen worden, wie ich einmal von seinem Vater,
meinem väterlichen Großvater, den ich auch nur ein einziges Mal
in meinem Leben gesehen habe zum Unterschied von meinem
Vater, den ich niemals in meinem Leben *gesehen habe, gehört*
habe (U 127/128)

Der unsichtbare Mann, von dem es hin und wieder hieß, daß
er nur aus Lügen und aus Gemeinheit bestand, war der
lebenslängliche Spielverderber. (Ki 40)

Nun entfloh sie dem Ort ihrer Schande nach Holland, wo sie
bei der erwähnten Freundin in Rotterdam Aufnahme fand.
Kurz darauf war sie in Heerlen, in einem Kloster, das nebenbei
auch noch auf sogenannte gefallene Mädchen spezialisiert war,
von einem Knaben entbunden, der neugeboren, wie ich auf einer
erhalten gebliebenen Fotografie sehen kann, soviel Haare hatte,
wie ich noch auf keinem neugeborenen Kopf gesehen habe. Ich soll
ein fröhliches Kind gewesen sein. Meine Mutter, wie alle Mütter,
eine glückliche. (Ki 58)

Sie wußte, daß sie ein außerordentliches Kind geboren hatte,
aber eines mit entsetzlichen Folgen. (Ki 50)

bichler: «Sonntag, und ich bin allein, verspüre die Lust, Dir etwas recht Liebes zu schreiben, doch wenn Du traurig (bist), bin auch ich es. Mir kam es eben so vor, als wären wir zusammen ein einziger Mensch, der leben oder zugrunde gehen muß. Hat mich schon gereut, daß ich Donnerstag bei so lauter und dummer Gesellschaft war, aber bei Dir, wenn Du auch nicht lachst, so ist es doch viel schöner mit jedem mal komme ich mir innen reicher vor.» (Undat. HB – JF/22, ca. 1927/28).

Im Sommer 1930 erwartet Hertha Bernhard ein Kind. Anna Bernhard schreibt am 15. September 1930 an Johannes Freumbichler: «Wie dem auch sei, sie ist unser Kind u. wir dürfen sie nicht verlassen . . . Ich vergesse ihr es nicht, daß sie seit vielen Jahren stets ihr möglichstes für uns getan hat, stets ihre Freude daran hatte, Dir einen guten Bissen zu verschaffen und uns so u. so oft in höchster Not zu Hilfe kam . . . Aus diesem Grund müssen wir ihr helfen so weit es möglich ist.» (1930/1). Aber das uneheliche Kind darf nicht in Wien zur Welt kommen. Hertha erhält eine Adresse in Holland. Sie fährt nach Aanken. Dort hilft ihr Frau Weiss aus Rotterdam, Shied van Musshenbrokstraat 18a, weiter. Während der Schwangerschaft arbeitet Hertha bei einer Baronin (1930/2). Im Krankenhaus in Heerlen muß sie sich als Lehrobjekt für Hebammen zur Verfügung stellen (1930/5).

Am 9. Februar 1931 kommt Thomas Bernhard in Heerlen zur Welt. Hertha ersucht den Leiter der Krankenanstalt in Heerlen, Dr. Mülemann, ihren Sohn in seiner zweiten Anstalt in Amsterdam aufzunehmen. Dr. Mülemann kann nichts tun.

Hertha Bernhard wohnt in Rotterdam in der Pierson-

Neunzehnhunderteinunddreißig, als ich geboren wurde, war mein Geburtsort nicht zufällig Heerlen in den Niederlanden, wohin meine Mutter auf den Rat einer in Holland arbeitenden Freundin aus Henndorf geflohen war in dem Augenblick, in welchem ich mich ganz entschieden zum endgültigen Eintritt in die Welt meldete, ich forderte ein rasches Gebären. In Henndorf, dem kleinen Nest, wäre meine Geburt völlig unmöglich gewesen, ein Skandal und die Verdammung meiner Mutter wären die unausbleibliche Folge gewesen in einer Zeit, die uneheliche Kinder nicht haben wollte. (Ki 56/57)

Die Möglichkeit, mich in dem Kloster bei Heerlen zu lassen, war nur kurz gewesen, meine Mutter mußte mich abholen, in einem von ihrer Freundin geliehenen kleinen Wäschekorb reiste sie mit mir nach Rotterdam zurück. Da sie nicht ihren Lebensunterhalt verdienen und gleichzeitig bei mir sein konnte, mußte sie sich von mir trennen. Die Lösung war ein im Hafen von Rotterdam liegender Fischkutter, auf welchem die Frau des Fischers Pflegekinder in Hängematten unter Deck hatte, sieben bis acht Neugeborene hingen an der Holzdecke des Fischkutters und wurden jeweils nach Wunsch der ein- oder zweimal wöchentlich erscheinenden Mutter von der Decke heruntergelassen und hergezeigt. Ich hätte jedesmal jämmerlich geschrien und mein Gesicht sei, solange ich auf dem Fischkutter gewesen sei, von Furunkeln übersät und verunstaltet gewesen, da, wo die Hängematten hingen, seien ein unglaublicher Gestank und ein undurchdringlicher Dunst gewesen. Aber meine Mutter hatte keine andere Wahl. Sie besuchte mich, wie ich weiß, sonntags, denn die Woche über arbeitete sie als Haushaltshilfe, um sich erhalten und die Gebühr für meinen Schiffsaufenthalt bezahlen zu können. (Ki 58/59)

straat 19/3. Weil sie das Kind in keinem Heim unterbringen kann, gibt sie es einige Wochen nach der Geburt zu einer Familie in Westeinde, Watergenstraat 107. Es sind arme Fischerleute «in einer alten Straße mit merkwürdigen Bauten» (Undat./29). Dort bleibt Thomas Bernhard bis Pfingsten 1931.

Die Eltern in Wien sind nach der Entbindung in großer Sorge, weil Hertha in Rotterdam ohne Arbeit ist. Auch sie selbst ist unruhig: «Ich weiß wie es Euch geht und darum schmerzt es mich so sehr, daß ich hier untätig ohne Verdienst warten und warten muß, ich weiß mir keinen Rat noch Ausweg . . .» (Undat./27).

Zu Pfingsten 1931 gibt sie Thomas Bernhard nach Hilgesheim, weil es dort sauberer ist. Hilgesheim liegt eine halbe Stunde Fahrzeit von Rotterdam entfernt.

In dieser Zeit reift der Plan, das Kind zu den Großeltern zu geben. Weil die Verdienstmöglichkeiten in Holland besser sind, würde Hertha so lange in Holland bleiben, «bis daheim das Notwendigste angeschafft» (Undat./29) ist. Anna Bernhard, die seit Februar 1930 wieder auswärts arbeiten muß, könnte dann zu Hause bleiben und das Enkelkind beaufsichtigen. Dafür möchte Hertha von Holland aus die Mittel aufbringen.

Im Juli 1932 ist Thomas Bernhard bei den Großeltern in Wien (1932/2).

Hertha kehrt 1935 nach Wien zurück. Dort lernt sie Emil Fabjan (* 24.9.1913) kennen.

Ich hatte von jetzt an nicht nur die Mutter, ich hatte auch Großeltern. In der Wernhardtstraße im sechzehnten Bezirk, in der Nähe des Wilhelminenspitals, habe ich zum erstenmal in meinem Leben das Wort Großvater *ausgesprochen. (Ki 61)*

Sie mußten das damalige Wien als Hölle empfinden, in welcher es jeden Tag um alles ging. Aus dieser Hölle wollte mein Großvater so schnell wie möglich heraus, selbst um den Preis, dahin zurückzukehren, woraus er dreißig Jahre vorher geflohen war. Immerhin hatte er diese dreißig Jahre gearbeitet und war in der totalen Erfolgslosigkeit steckengeblieben. (Ki 66)

Mein Großvater hatte Wien endgültig den Rücken gekehrt, er wunderte sich nachträglich, daß er dazu noch die Kraft gehabt hatte. Der Aufbruch aus Wien, auf das Land, nur sechs Kilometer von Henndorf, also der engeren Heimat entfernt, muß ziemlich abrupt vorgenommen worden sein, denn ich erinnere mich, daß wir zuallererst in der Bahnhofswirtschaft von Seekirchen Station machten. Mehrere Wochen hausten wir dort in einem Gästezimmer, in welchem ständig unsere Wäsche über unseren Köpfen hing, und wenn ich Gute Nacht sagte, damals hatte ich dazu noch die Hände gefaltet, schaute ich durch ein hohes Fenster direkt auf den sich rasch unter der versinkenden Sonne verdüsternden See. Wir hatten aus Wien außer Tausenden von Büchern, die aber erst nachkommen sollten, nichts mitgenommen, weder Möbel noch sonst etwas, nur zwei Koffer und unsere Kleidung. (Ki 67)

Er war einmal lungenkrank gewesen, das mag auch den Ausschlag gegeben haben für den Entschluß, aus Wien wegzugehen nach Seekirchen. (Ki 81)

SEEKIRCHEN

Zu Beginn des Jahres 1935 übersiedelt Johannes Freumbichler mit Anna Bernhard und dem Enkel Thomas nach Seekirchen. Hertha Bernhard und Emil bleiben in Wien. Zu Fabjan hat Freumbichler Vertrauen gefaßt: «Unser geplanter Briefwechsel wird, trotz aller Hindernisse in Gang kommen und dann, wie ich fest hoffe, andauern bis zu unserem seligen Ende.» (Fab/Fr 1935/1).

Farald lebt bei den Eltern in Seekirchen. Er hatte 1927 in Graz eine zweite Lehre als Schildermaler begonnen; er beendete sie aber zur Enttäuschung des Vater ohne Abschluß (1929/16).

Weil die Wohnung in Seekirchen sehr feucht ist, mieten sich die Freumbichlers im Juni 1935 beim Mirtlbauer in einem «trockenen Holzhaus, auf sehr luftiger Höhe» ein (Fab/Fr 1935/1). «Die neue Behausung hat natürlich, ihrer Billigkeit gemäß, sehr viele Mängel, aber die Vorteile, wenigstens mit unseren Augen gesehen, überwiegen ums Dreifache. Es liegt ganz zwischen wallenden Kornfeldern und grünen Wiesen mit einer wirklich reizenden Aussicht auf Seekirchen . . . Kein Lärm, kein Staub, kein Ungeziefer, keine Menschen. Es ist also alles da, was ich mir so überaus sehnsüchtig gewünscht habe», schreibt Freumbichler an Fabjan am 24. Juni 1935 (ebd.)

Nach dem Umzug heißt es für Freumbichler: «Ordnung machen, Beginn eines neuen Arbeitens und Ringen nach dem Lorbeer» (ebd.)

Eines Tages zogen wir drei, mein Großvater, meine Großmutter und ich, einen alten, wahrscheinlich nicht nur für diesen Zweck angeschafften kleinen Leiterwagen mit unseren gesamten Habseligkeiten auf die sogenannte Bräuhaushöhe. Vor dem alten Bräuhaus, einem dem Verfall überlassenen, dreihundert Jahre alten Gebäude, in welchem in riesigen Kellergewölben Bier und Wein gelagert waren und in welchem ein paar, wie mein Großvater sagte, bettelarme Leute für einen Spottzins wohnten, stand ein kleines, dem Seekirchner Marktflecken zugewandtes, einstöckiges Holzblockhaus. Es war aus Eisenbahnschwellen gezimmert worden und gehörte einem Bauern in der Nähe des Hippinghofs. Es war lustig anzuschauen und hatte einen großen Balkon an der Vorderseite. Von diesem Balkon aus sah man über dem Marktflecken den See und an klaren Tagen das Gebirge. Es war eine der billigsten Behausungen in der ganzen Gegend, wir hatten eine herrliche Aussicht und unter dem Balkon einen Garten, und es hatte zwei Räume unten und zwei oben und einen geräumigen Stiegenaufgang mit einer Tür auf den Balkon. (Ki 74/75)

Ebenerdig hatten wir ein großes Zimmer, das allen zugänglich war. Dahinter lag das großväterliche Arbeitszimmer, das von mir ohne ausdrückliche Erlaubnis nicht betreten werden durfte. (Ki 76)

... im sogenannten Mirtelbauernhäusl, benannt nach dem Besitzer, es war ein Riesenreich, in welchem die Sonne nicht unterging. (Ki 84)

... ich hatte den Hunger *von* Hamsun, *den* Jüngling *von* Dostojewski *und* Die Wahlverwandtschaften *gelesen und mir, wie mein Großvater das sein ganzes Leben lang praktiziert hatte, zu meiner Lektüre Notizen gemacht. (A 151/152)*

128

Zwanzig Meter vom Blockhaus entfernt liegt der «Bräukeller», eine «alte historische Saufstätte der Bauern, wo schon mein Vater gesessen und zu meiner Kindheit davon geschwärmt hat.» (Fab/Fr 1935/2). Die Stimmung dort regt Freumbichler zu einem Buch an, «voll Spuk, Geisterei und Menschenwahrheit und Narrheit.» (Fab/Fr 1935/3). Der Roman könnte rasch geschrieben sein, «da ich ein Buch ähnlichen Charakters vor mehr als 15 Jahren geschrieben, vor mir liegen habe,» (Fab/Fr 1935/3). Die «Pfahldorfbewohner» von Seekirchen stellt er sich als Figuren des Romans vor: «Der Ort war wohl vor ein paar tausend Jahren ein richtiges Pfahldorf, und viele Gestalten und Ereignisse reizen mich, einen Pfahldorfroman, etwa im Stil Th.V.Vischers zu schreiben. Der Bauer, bei dem wir die Wohnung gemietet haben, ist gleich eine solche Gestalt, die sich vortrefflich zu diesem Zwecke wird verwenden lassen.» (Fab/Fr 1935/1).

Johannes Freumbichler ist in Wimm, wie diese Gegend um Seekirchen heißt, recht einsam. Es fehlen ihm der Wienerwald, die Weingärten, «der fast südliche Sonnenschein, die wunderbaren Spaziergänge und ein paar liebe, geliebte Menschen.» (Fab/Fr 1935/3). Der Grund für dieses Alleinsein liegt darin, daß ihm auch in der neuen Umgebung das Notwendigste fehlt: «die Konzentration zur geistigen Arbeit.» (Fab/Fr 1935/2). Aber er kennt den Schlüssel zum Erfolg: G e d u l d.

Er ruft sich beständig Leitsätze von Vorbildern in Erinnerung, um sich stärkende Anweisungen zu geben. Bei Goethe liest er: «Ungeduld erzeugt zehnfache Ungeduld, man glaubt das Ziel heranzuziehen und

Diese und andere Sätze habe ich oft, ohne sie zu verstehen, von meinem Großvater, dem Schriftsteller, gehört, wenn ich ihn auf seinen Spaziergängen begleitet habe, Montaigne hat er geliebt, diese Liebe teile ich mit meinem Großvater (U 127)

... und hatte von den Meinigen nur gewünscht, daß sie mir jene Bücher aus dem Bücherkasten meines Großvaters nach Großgmain herausbringen sollten, von welchen ich wußte, daß sie im Leben meines Großvater von allererster Bedeutung gewesen waren, und von welchen ich annahm, daß ich sie jetzt verstehen könnte. Auf diese Weise war ich zuerst mit den wichtigsten Werken von Shakespeare und Stifter, von Lenau und Cervantes bekannt geworden, ohne daß ich heute sagen könnte, daß ich diese Literatur damals tatsächlich in ihrem ganzen Reichtum verstanden hätte, aber ich habe sie mit Dankbarkeit und mit der größten Verständnisbereitschaft aufgenommen und meinen Gewinn gehabt. Ich hatte Montaigne gelesen und Pascal und Peguy, die Philosophen, die mich später immer begleitet haben und die mir immer wichtig gewesen sind. Und selbstverständlich Schopenhauer, in dessen Welt und Denken, naturgemäß nicht in dessen Philosophie, ich noch von meinem Großvater eingeführt worden war. (A 140/141)

Seine Lage war die aussichtsloseste, die man sich vorstellen kann, aber er kämpfte, er kämpfte auch noch nach vier Jahrzehnten einer totalen Erfolglosigkeit, in welcher jeder andere längst aufgegeben hätte. Er hatte nicht aufgegeben. Mit dem Zunehmen und mit dem Immer-unerträglicher-Werden seiner Erfolglosigkeit verschärfte sich seine Besessenheit seinem Gegenstand gegenüber, der sein Werk war. (Ke 100)

130

entfernt es.» (Fab/Fr 1935/3). Oder: «Es gibt keinen größeren Künstler als ausdauernden Fleiß; nur die Gottheit schafft auf einmal, Menschenwerk wächst stufenweise.» (ebd.) Ewige Gültigkeit beinhaltet ein Wort von Gobineau: «Die Kunst ist die einzige Tugend, die einzige Wahrheit, das einzige Glück.» (ebd.) Freumbichler fordert auch von sich selbst, daß er «unablässig an der Verbesserung und Veredelung seines Innern arbeitet, an seiner Belehrung, seiner Bildung.» (Fab/Fr 1936/2).

Das In-sich-Eingeschlossensein beim Schreiben, die Ausgeschlossenheit vom Kunstbetrieb, erzeugen in ihm den Wunsch, in Menschen, die er liebt, einen vielleicht vorhandenen Künstler hervorzuholen. Emil Fabjan, der Holzschnitzarbeiten macht, will er dazu bewegen, dieses Handwerk als Kunst weiterzutreiben: «Nimm jetzt, wo die Abende lang werden, Deine praktische Arbeit bei Deinem Holzschnitzer wieder auf und gib nicht nach, bis Du das Handwerkliche voll erlernt hast. Hier darf Dich das Geld nicht reuen. Denn ich hoffe und erwarte, und werde Dir keine Ruhe geben früher, daß Du Deinen Plan, Künstler, Holzschnitzer zu werden, energisch weiterführst. Mögen andere Leute darüber sagen, was sie wollen.» (Fab/Fr 1935/3). Sein unentwegtes Streben nach der Verwirklichung seiner Pläne soll jetzt Vorbild für andere sein: «Meine ersten, brauchbaren Sachen, kleine Erzählungen wurden im Jahre 1916, also mitten im Weltkrieg, abgedruckt und heute bin ich, nach geschlagenen 20 Jahren noch nicht so weit, daß meine Arbeiten einen Verleger fänden und mir eine Einnahme verschafften. Ich war die letzte Zeit, etwa seit Sommer 1934 von diesen Mißerfolgen so

Ich beobachtete mit Liebe, wie er schrieb und wie ihm meine Großmutter dabei aus dem Weg ging, behutsam lud sie zum Frühstück, zum Mittagessen, zum Nachtmahl, wir hatten die Behutsamkeit meinem Großvater gegenüber zu unserer Hauptdisziplin gemacht, solange er lebte, war die Behutsamkeit oberstes Gebot. Alles mußte leise gesprochen sein, wir mußten leise gehen, wir mußten uns ununterbrochen leise verhalten. Der Kopf ist zerbrechlich wie ein Ei, so mein Großvater, das leuchtete mir ein, erschütterte mich gleichzeitig. Um drei Uhr früh stand er auf, um neun ging er spazieren. Nachmittags arbeitete er noch zwei Stunden zwischen drei und fünf (Ki 71/72)

Nicht auf Traunstein, auf einen ganz in der Nähe, in dem heimatlichen Henndorf lebenden berühmten Schriftsteller konzentrierte sich jetzt die ganze Hoffnung. Meine Großmutter habe ein Manuskript zu dem berühmten Mann getragen, der sei dabei, einen Verleger ausfindig zu machen, der es druckt. Man wartete. Die Spaziergänge waren keine Erleichterung mehr, sie waren ein Tortur. Die Selbstmorddrohungen meines Großvaters waren wieder da. (Ki 98)

Berühmte Schauspieler, Schriftsteller, Bildhauer, überhaupt jede Art von Künstlern und Wissenschaftlern gingen in der sogenannten Wiesmühle ein und aus. Der berühmte Schriftsteller war ein vollkommen anderer als mein Großvater, der auch Schriftsteller, aber überhaupt nicht berühmt war. (Ki 102)

entmutigt ohne Pathos zu sagen, bis auf den Tod. Aber ich habe mich auch aus dieser Qual wieder erholt, und arbeite seit Tagen an neuen Sachen.» (Fab/Fr 1935/3).

Als Freumbichler im Oktober 1935 an Fabjan diesen Brief schreibt, arbeitet er an einem Roman mit dem Titel «Io ti vedo». Er soll ca. 1000 Seiten umfassen und spielt bei den Indianern in Brasilien. Das Vorbild ist Karl May. Die Arbeit geht gut voran: «Die Einfälle gehen mir nicht aus. Ich brauche mich nur, ohne besondere Sorge oder körperliche Schmerzen an den Tisch zu setzen und meine Phantasie arbeitet ganz von sich selbst.» (ebd.)

1935 kann Freumbichler eine Erzählung in einem Kalenderverlag veröffentlichen (Fab/Fr 1935/2).

Zur selben Zeit (Herbst 1935) schreibt Anna Bernhard an Carl Zuckmayer. Zuckmayer wohnt sei 1933 mit seiner Frau Alice in Henndorf in der «Wiesmühle» (die Wiener Adresse ist: Wien VII, Mentergasse 11). Anna Bernhard schickt ihm einen Roman von Johannes Freumbichler zur Lektüre, ohne daß dieser davon weiß. Zuckmayer: «Vielleicht ist es mir möglich, ihm irgendwie behilflich zu sein.» (Zuck 1935/1). Erst im Juli 1936 liest Zuckmayer «Philomena Ellenhub», den die Verleger Speidel, Pustet und Herder abgewiesen haben. Freumbichler aber ist überzeugt: «An mir ist nun gewiß nichts Wunderbares, aber an meiner ‚Philomena Ellenhub‘ hängt ein bißchen vom Wunderbaren.» (Fab/Fr 1936/1). Der Eindruck von Zuckmayer während der Lektüre ist: «Ich möchte Ihnen nur gleich sagen, daß sie mich ganz außerordentlich fesselt, und daß ich schon jetzt den Eindruck eines ungewöhnlichen, wunderschönen Werkes und einer starken eige-

133

Eines Tages war ein Telegramm angekommen, in welchem meinem Großvater mitgeteilt wurde, daß sein Roman angenommen sei. Von einem Wiener Verleger. Der berühmte Mann hatte wahrgemacht, was er versprochen hatte, das Buch erschien, und mein Großvater bekam dafür einen Staatspreis. (Ki 100)

nen Dichterpersönlichkeit habe, für die sich einzusetzen eine Freude und eine Aufgabe bedeutet» (Zuck 1936/1). Zuckmayer will diese Überzeugung «vor aller Öffentlichkeit» (ebd.) vertreten. Seine Frau Alice hilft ihm. Sie arbeitet die erste und zweite Fassung durch: «Ich habe bisher etwa 50 Seiten Satz für Satz verglichen und ins erste Exemplar kleinere, wie mein Mann meint, sehr gute Striche aus der 2. Fassung übertragen, zugleich aber auch meinem Mann die Stellen angestrichen – ganze Passagen – die Sie in der 2. Fassung auslassen wollten – er war ganz entsetzt, um was Sie sich da bringen wollen und hält es für Verlegereinflüsse, die aus Ihrem Roman einen Ganghofer herausschinden wollen» (Zuck 1936/3).

Die überarbeitete Fassung schickt Carl Zuckmayer an Hermann Hesse, Gerhart Hauptmann und Thomas Mann (Zuck 1936/4).

Ein Exemplar erhält Paul Zsolnay. Er nimmt «Philomena Ellenhub» an. Freumbichler schreibt an Alice Zuckmayer: «September 1936 wird in den Annalen meines Lebens das wichtigste Kapitel bilden» (Zuck 1936/6).

Ein literarischer Erfolg könnte Johannes Freumbichler und Anna Bernhard einen langjährigen persönlichen Wunsch erfüllen: die Heirat. Sie leben seit 32 Jahren zusammen. Am 16. Juni 1936 schreibt Freumbichler an die Lebensgefährtin: «Was unsere Trauung anbelangt, so werden wir sie wohl noch verschieben müssen, wenn meine Mißerfolge sich weiterhin in einer so schönen Reihenfolge einstellen. Jedenfalls fehlen uns zu diesem Projekt etwa 100 S.» (Fab/Fr 1936/5).

Im Herbst 1936 heiraten Emil Fabjan und Hertha

... *mehr noch als bei meiner Mutter war ich bei meinen Groß-*
eltern gewesen, denn dort hatte ich immer die Zuneigung und das
Verstehen und das Verständnis und die Liebe gefunden, die für
mich sonst nirgends zu finden gewesen waren, und ich war ganz
unter der Obsorge und unbemerkten Erziehung meines
Großvaters aufgewachsen. Meine schönsten Erinnerungen sind
diese Spaziergänge mit meinem Großvater, stundenlange Wan-
derungen in der Natur und die auf diesen Wanderungen
gemachten Beobachtungen, die er in mir nach und nach zur
Beobachtungskunst hatte entwickeln können. Aufmerksam für
alles, auf das ich von meinem Großvater verwiesen und
hingewiesen war, darf ich diese Zeit mit meinem Großvater als
die einzige nützliche und für mein ganzes Leben entscheidende
Schule betrachten, denn er und niemand anderer war es, der mich
das Leben gelehrt und mich mit dem Leben vertraut gemacht
hat, indem er mich zuallererst mit der Natur vertraut gemacht
hat. Alle meine Kenntnisse sind zurückzuführen auf diesen für
mich in allem lebens- und existenzentscheidenden Menschen,
(U 129)

Bernhard in Seekirchen. Sie bleiben aber vorläufig noch in Wien (Fab/Fr 1936/8).

Im Oktober 1936 korrigiert Freumbichler die Druckfahnen von «Philomena Ellenhub» (Fab/Fr 1936/8). Im Februar 1937 bangt er schon: «wird verkauft werden???!!!» (Fab/Fr 1937/1). Er ist in gedrückter Stimmung «besonders in Hinblick auf die Tatsache, daß wir uns dem Alter nähern und eigentlich ohne jedes Einkommen sind.» (ebd.)

Drei Jahre hat Freumbichler auf das Erscheinen dieses Romans gewartet «in bitterem Leiden» und «oft in vollständiger Verzweiflung» (ebd.) Nach dem Druck der «Mena» arbeitet Freumbichler an der ersten Fassung von «Atahuala, das Land der weißen Indianer» weiter; es ist der neue Titel von «Io ti vedo». Er will das Buch im Herbst 1938 drucken lassen. Im Februar 1937 schreibt er: «. . . und ich will nicht mehr aufhören, bis es vollendet ist. Eins dieser Bücher muß uns die Erlösung aus der Armut bringen.» (Fab/Fr 1937/1). Dazwischen macht Freumbichler etwa zwanzig Dorfgeschichten fertig mit der Hoffnung, «daß sie Zsolnay für diesen Herbst herausbringen wird.» (Fab/Fr 1937/1).

Vier Wochen nach dem Erscheinen von «Philomena Ellenhub» zeichnet sich bereits ein Erfolg ab: «Soweit sich die Sache jetzt und von meiner Einsiedelei aus übersehen läßt, wird es in fast allen Zeitungen in einer förderlichen und zum Teil sogar in einer enthusiastischen Weise besprochen. Besonders war im Wiener Tagblatt ein sehr beachtenswerter 6 Spalten langer Artikel, der mich wirklich gefreut hat. Fast noch mehr die Nachricht, daß Gerhart Hauptmann den Roman liest und wie es scheint, nicht ohne ein gewisses

Der Großvater hatte mich sozusagen von Geburt an ihrem Erziehungseinfluß entzogen und ganz unter seinen Schutz und unter seinen Geist gestellt gehabt, sie hatten auf mich in diesen achtzehn Jahren keinerlei Einfluß ausüben können. Mein Großvater hatte sie von meiner Erziehung ausgeschlossen. (A 109/110)

Aber wenn ich ihn begleiten durfte, war ich der glücklichste Mensch. Ich hatte auf diesen Spaziergängen ein grundsätzliches Redeverbot, das nur selten aufgehoben wurde von ihm. Wenn er eine Frage hatte oder ich. Er war mein großer Erklärer, der erste, der wichtigste, im Grunde der einzige. Tiere und Pflanzen bezeichnete er mit seinem Stock, an jedes auf solche Weise hervorgehobene Tier und an jede mit dem Stock ins Zentrum gestellte Pflanze heftete er einen kleinen Vortrag. Es ist wichtig, daß man weiß, was man sieht. Man muß nach und nach alles wenigstens bezeichnen können. Man muß wissen, woher es kommt. Was es ist. (Ki 80)

Ganz naturgemäß hatte sich der schwierige Enkel unter dem Schutz seines Großvaters schon sehr früh auch seelisch und geistig von ihnen abgesondert und, seinem Wesen und immer auch seinem Alter entsprechend, ihnen gegenüber eine kritische Haltung eingenommen, was sie auf die Dauer nicht dulden und letzten Endes niemals ertragen konnten. Nicht bei ihnen war ich ja aufgewachsen, sondern bei meinem Großvater, ihm verdankte ich alles, was mich schließlich lebensfähig und in hohem Maße auch immer wieder glücklich gemacht hatte, nicht ihnen. (A 31/32)

Vergnügen daran zu empfinden.» (Fab/Fr 1937/2).

Mit der Hilfe von Carl Zuckmayer erhält Freumbichler noch 1937 für «Philomena Ellenhub. Ein Salzburger Bauernroman» den Österreichischen Staatspreis für Literatur. Der Roman ist seiner Mutter Maria Freumbichler gewidmet.

Die Zeit, in der Johannes Freumbichler nicht schreibt, teilt er mit seinem Enkel Thomas. Alle Tage nimmt er ihn auf seine Spaziergänge mit: «Nachmittags wandern ich und Thomas durch die Wiesen, Felder und Wälder. Alles ist erfüllt mit Vogelgesang. Als ob das ganze Leben nur Spiel und Tanz wäre. Und in der Jugend ist es auch nur Spiel und Tanz. Thomas pflückt große Büsche Schlüsselblumen, Himmelsternchen und entpuppt sich als Meister im Auffinden von echten Veilchen.» (Fab/Fr 1936/2).

Großvater und Enkel erscheinen als Seelen-Paar: «. . . es sind eben die Eismänner, und mit diesen Herren müssen wir uns abfinden. Sobald die Sonne scheint, wandern Thomas und ich nachmittags durch die grüne, wunderbare Maienwelt.» (Fab/Fr 1936/3).

Auch zu Hause nimmt Freumbichler das Kind in seine Obhut. Bald entdeckt er in ihm Begabungen, die es zu fördern wert sind. Mit Stolz berichtet er seiner Tochter Hertha: «Seine größte Leidenschaft zuhause ist schreiben. Er bekommt diese Tage ein paar Groschen geschenkt und verschwindet. Was bringt er vom Krämer! Eine Schreibfeder . . . Und die Zahlen bis zehn kann er mit Tinte schreiben.» (Fab/Fr 1936/2).

Er findet in Thomas noch eine andere künstlerische Veranlagung: «Am Vorabend hat er uns eine papierene Krone auf dem Kopf und eine Schleppe nach hinten, ein

Vielleicht ist es die Malkunst. Du hast doch das größte Zeichentalent. Irgend etwas Künstlerisches, *sagte er. (Ki 154)*

... die Aussichtslosigkeit, mir die Kunst des Geigenspielens beizubringen aber war von Geigenstunde zu Geigenstunde offensichtlicher, für meinen Großvater, den ich liebte, hatte ich im Geigenspielen ja weiterkommen wollen, etwas erreichen wollen in der Geigenkunst, aber der Wille, meinem Großvater den Gefallen zu tun, ihm den Wunsch, ein Geigenkünstler zu werden, zu erfüllen, genügte allein nicht, ich versagte in jeder Geigenstunde auf das kläglichste. (U 56)

Ich wollte gar nicht Geige spielen, ich haßte das Instrument, aber mein Großvater sah in mir jetzt einen Geigenkünstler. (Ki 159)

Die Aussichtslosigkeit, mir die Kunst des Geigenspiels beizubringen, und es war wohl doch der Wunsch meines Großvaters gewesen, aus mir einen Künstler zu machen, daß ich ein künstlerischer Mensch gewesen war, diese Tatsache hatte ihn zu dem Ziel verleiten müssen, aus mir einen Künstler zu machen, und er hatte mit der ganzen Liebe für den auch ihm zeitlebens nur in Liebe verbundenen Enkel immer alles versucht, aus mir einen Künstler zu machen, aus dem künstlerischen Menschen einen Künstler, einen Musikkünstler. (U 55/56)

Etwas Großes hatte er mit mir vorgehabt und immer wieder davon gesprochen und nicht nur mir gegenüber davon gesprochen, und nun war ich in einem Lebensmittelgeschäft im Keller in der Scherzhauserfeldsiedlung gelandet als Kaufmannslehrling. (Ke 74)

140

richtiges Theater vorgemacht, was er sehr gerne tut. Dabei ist mir eingefallen, daß er das Zeugs zu einem Schauspieler in sich hätte. Denn er ist von einer geistigen Beweglichkeit, die einem in Erstaunen versetzt. Man könnte wohl mit wenig Mittel etwas Besonderes aus ihm machen.» (Fab/Fr 1936/4).

Auch ein musikalisches Talent fällt dem Großvater auf. «Wenn ich etwas verdienen werde, so ist das Erste, was ich kaufe eine Geige. Wenn man jetzt anfängt, kann er mit zwanzig Jahren Künstler sein.» (Fab/Fr 1936/4).

Thomas Bernhard beginnt im Herbst 1936 mit der Volksschule in Seekirchen. Im Oktober berichtet Freumbichler: «Thomas Niklas ist in der Schule übereifrig und kann sich auch zuhause nicht genug tun im Lesen und Schreiben bis ihm abends die Augen zufallen.» (Fab/Fr 1936/7).

Carl Zuckmayer hat auch auf den sechsjährigen Thomas Bernhard Eindruck gemacht. Als die Freumbichlers am Heiligen Abend 1936 bei den Zuckmayers zu Gast waren, notierte Freumbichler: «Thomas saß links vom Herrn Zuckmayer, die Mama rechts. Thomas hat an der Tafel tadellos gegessen. Acht Tage später beschrieb er genau, wie sich alles zugetragen hat: «Herr Zuckmayer hat ausgesehn wie ein König im Märchenbuch».« (Fab/Fr 1937/1).

Es scheint, als habe die Liebe zu diesem Kind Freumbichler die Ruhe gebracht. Bei einem Spaziergang durch Salzburg fühlt er, «daß es kein Glück auf Erden gibt als dies: daß ein paar harmonisierende Menschen in Liebe und Güte die kurzen Jahre, die uns hier gegeben sind, miteinander verbringen und sich einander so viel

In der Ferne, gegen Mittag, entdeckte ich meinen Großvater, ich lief querfeldein auf ihn zu. Im Sommer trug er nur Leinenkleidung und einen Panamastrohhut. Er ging nicht ohne Spazierstock. Wir verstanden uns. (Ki 79)

Mein Großvater, den ich über alles liebte, war hier aufeinmal der städtisch gekleidete Herr mit dem Spazierstock, dem man neugierig, gleichzeitig argwöhnisch begegnete. Ein Romanschreiber, ein Denker! Die Verachtung, die er auf sich zog, war größer als die Bewunderung. Der Herr hatte nicht einmal das Geld, um in die Wirtsstube essen zu gehen. Sie arbeiteten, er ging spazieren. Meine Großmutter fand auf dem Hippinggut, hoch über Seekirchen, Arbeit, sie hütete die Kinder, half beim Wäschewaschen, sie war in allem, was sie anpackte, tüchtig, sie war bald angefreundet. Sie verdiente so viel, daß wir existieren konnten. Ihre Nähkunst, die immer von allen bewundert worden war, konnte sich auf dem Hippinggut voll entfalten. Sie war in kurzer Zeit so beliebt, daß auch der Schriftsteller, der Spaziergänger, der Denker davon profitierte. (Ki 69)

Die Tatsache, daß ich jetzt vor den Großeltern, an deren Übersiedlung zuerst noch gar nicht gedacht worden war, mit meiner Mutter und deren Mann nach Traunstein ziehen sollte, machte mich unglücklich. Es war mir nicht begreiflich zu machen, daß Seekirchen zuende sei. Es war wieder nur eine Zwischenstation gewesen. Ohne Großvater weiterzuleben unter dem Regime eines fremden Mannes meiner Mutter, der von meinem Großvater je nach Laune abwechselnd als Dein Vater *oder* Dein Vormund *betitelt wurde, erschien mir das Unmöglichste von der Welt. Die Katastrophe bedeutete, Abschied zu nehmen von allem, das zusammen tatsächlich mein Paradies gewesen war. (Ki 96)*

Gutes erweisen, als ihnen möglich ist.» (Fab/Fr 1936/4).

Er hat diesen inneren Frieden, obwohl er noch in derselben Armut lebt. Jetzt kann er diesen Zustand sogar mit Humor betrachten. Er schreibt an Hertha: «Eine schmerzliche Sache will ich Dir nicht verschweigen: ich habe keine Hosen zum anziehen! Das ist eine schlimme Sache. Wo doch gewiß in Kisten und Dachböden genug alte Hosen lägen, den Schaben preisgegeben, Hosen, die freudig bereit wären, die mageren Beine eines armen Dichters zu bedecken.» (Fab/Fr 1936/2). Emil Fabjan und Hertha helfen mit Kleidung und Lebensmitteln. Anna Bernhard geht zum Hipping-Bauern zur Aushilfe. Der Lohn sind Lebensmittel (Fab/Fr 1936/6).

Im Oktober 1937 übersiedelt Emil Fabjan nach Traunstein in die Schaumburgergasse 4 bei Familie Poschinger. Freumbichler hat ihm vom Plan, mit Hertha nach Seekirchen zu gehen, abgeraten, weil das Leben dort zu teuer sei. Sie hat wie ihr Vater eine Lungenkrankheit.

Im Jänner 1938 kommt Hertha nach Traunstein nach. Mit den neuen Umständen muß sich Freumbichler von seinem Enkelkind trennen. Thomas Bernhard soll jetzt bei seiner Mutter und dem «Vormund» leben. Das bedeutet noch im Jänner einen Schulwechsel. Hertha schreibt dazu: «Am Mittwoch war der große Tag, ich ging mit Thomas in die Schule, das war ein Staunen, die große, schöne Schule, die vielen, vielen Kinder, der Direktor ein kleiner buckliger Herr war äußerst freundlich . . . Mittags kam Thomas mit einem Buben aus der Nachbarschaft heim aber ganz munter,

Sein Schwiegersohn hatte in Bayern, also in Deutschland, nirgends sonst, eine Arbeit gefunden. Das Paradies war beendet. (Ki 95)

Wenn ich an Seekirchen zurückdachte, schüttelte es mich vor Weinen. Ich heulte laut aus mir heraus, wenn ich sicher war, daß mich niemand hörte. (Ki 114)

Ich wünschte nur noch eines auf der Welt: daß mein Großvater kommt und mich rettet, bevor es zu spät ist. (Ki 115)

der Herr Lehrer hätte zu den anderen Buben gesagt, der Thomas spricht ja schöner als ihr alle zusammen, weil ihn einige seiner Aussprache wegen auslachten, am ersten Abend sagte Thomas: ich möchte doch lieber wieder zu der Großmutter, ich tät schon keinen Lärm machen, damit der Großvater nicht schimpft.» (Fab/Fr 1938/1).

Am 15. April 1938 bringt Hertha ihren zweiten Sohn Hans Peter zur Welt.

Im Herbst 1938 erscheinen bei Zsolnay die «Geschichten aus dem Salzburgischen» und «Atahuala» mit dem nochmals geänderten Titel «Atahuala oder die Suche nach einem Verschollenen.» Am 25. Februar 1939 schreibt Freumbichler an Alice Zuckmayer auf ihre Frage nach dem Echo von «Atahuala»: «. . . ich habe in meiner totalen Einsamkeit hier *nicht ein einziges Wort darüber* gehört.» (Fab/Fr 1939/2).

Farald, der seit 1936 mit seiner Frau Fanny in Salzburg lebt, schreibt für den Vater die Manuskripte rein und tippt auch die Verlagskorrespondenz (Fab/Fr 1938/3).

Im November 1938 heiraten Johannes Freumbichler und Anna Bernhard nach vierunddreißig gemeinsam verbrachten Lebensjahren. In Seekirchen haben sie sich trotz vieler Entbehrungen ein friedliches Leben schaffen können. Die Abende verbringen sie mit Lesen, zum Beispiel Goethes «Dichtung und Wahrheit»: «. . . die Mama liest und ich höre zu und rauche eine Pfeife . . . So eine gemeinsame Lektüre regt vieles an, beruhigt die Nerven und leitet von den lauten Tagesgeschäften in eine ruhige, traumlose Nacht über.» (Fab/Fr 1939/1).

Neben Goethe liest Freumbichler unter anderem

Während mein Großvater und ich weite Spaziergänge machten, schon ganz unter dem Eindruck des endgültigen Abschieds von Seekirchen und der Wallerseegegend, während ich an der Seite des Philosophen schon einen gewissen Reifegrad erreicht hatte und tatsächlich für mein Alter überdurchschnittlich gebildet war, ohne darüber kopfüber in einen lebensbedrohenden Größenwahn zu verfallen, während mich mein Großvater immer noch intensiver in die Natur und ihre Eigenheiten und Kühnheiten und Verderblichkeiten und Ungeheuerlichkeiten einführte, fortwährend war er ja mein Lehrer gewesen. (Ki 105/106)

Ein Lastwagen mit Büchern und Manuskripten hielt vor dem Haus, die Regale füllten sich. Seit frühester Jugend, seit Basel, wie er immer sagte, hatte mein Großvater Bücher gesammelt, sie hatten kein Geld, aber immer mehr Bücher. Tausende. Im Arbeitszimmer im Mirtelbauernhäusl hatten sie gar nicht Platz gehabt, waren zum Großteil auf dem Dachboden untergebracht. Jetzt waren die Wände des neuen Ettendorfer Arbeitszimmers voll. Ich wußte gar nicht, daß ich soviel Geist angesammelt habe, *sagte er,* und soviel Ungeist. *Hegel, Kant, Schopenhauer waren mir vertraute Namen, hinter welchen sich für mich etwas Ungeheuerliches verborgen hielt.* Und erst Shakespeare, *sagte mein Großvater. (Ki 116)*

146

Schopenhauer, Nietzsche, Kant, Epiktet, Montaigne und Dschung-Dsi «Das wahre Buch vom südlichen Blütenland», eine kommentierte Sammlung von Zen-Koans.

Die Ruhe wird gestört. Der Mirtlbauer will seinen Besitz übergeben und selber in sein Blockaus einziehen. Das heißt: wieder Ortswechsel. Freumbichler denkt an Neumarkt oder Traunstein.

In Traunstein bemüht sich Fabjan, eine «kleine Wohnung» zu finden. Traunstein birgt für Freumbichler natürlich auch einen anderen Schatz: den Enkel.

TRAUNSTEIN

Im Frühjahr 1939 zieht Johannes Freumbichler mit seiner Frau nach Ettendorf bei Traunstein. Zu Weihnachten 1939 hat Freumbichler einen Band mit sechs Erzählungen fertig, «die mir das Beste erscheinen, was ich je geschrieben habe» (Zuck 1939/2). Mit dem Erfolg der «Philomena Ellenhub» bekommt Freumbichler Verbindung zu anderen Dichterkollegen. Seit 1941 kennt Freumbichler Georg Schwarz, der ihn an Hermann Leins vom Wunderlich-Verlag vermittelt (1941/5).

1942 erscheinen von Freumbichler «Die Reise nach Waldprechting» (ursprünglicher Titel: «Die Leute von Waldprechting») und der Roman «Auszug und Heim-

Leider hatte sein Schwiegersohn, mein Vormund, nur hier eine Anstellung gefunden, und so seien wir gezwungen, in dieser verabscheuungswürdigen Atmosphäre zu existieren. Nun sei er selbst ja in Ettendorf, aber unten, in Traunstein, nein, dann lieber Selbstmord. Genauso redete er auf seinen Spaziergängen. (Ki 29)

. . . und von meinem Onkel, der in Norwegen stationiert gewesen war und der mir als genialer Kommunist und Erfinder, der er zeitlebens gewesen ist, immer als ein mich mit in jedem Falle außerordentlichen und gefährlichen Gedanken und unglaublichen und ebenso gefährlichen Ideen konfrontierender Geist und schöpferischer Mensch, wenn auch krankhaft unstabiler Charakter im Gedächtnis geblieben ist. (U 28)

kehr des Jodok Fink. Ein Buch vom Abenteuer des Lebens» im Wunderlich-Verlag.

Im Herbst 1934 interessiert sich Piper durch eine Befürwortung von Schwarz für «I am alone». Schwarz meint nur: «. . . bloß den Titel müßte man ändern.» (1943/4). Freumbichler schickt das Manuskript auch an Eugen Händle.

Im Herbst 1945 fühlt Schwarz wieder für Freumbichler bei Hermann Leins vor: «Gestern war der Inhaber des R. Wunderlich-Verlags Tüb. hier. Anfänge und Schlüsse Ihrer Erzählungen gefielen ihm so, daß er das restliche Manuskript gleich mitnahm nach Tübingen. Ich denke, Besseres können Sie sich nicht wünschen.» (1945/3).

In den Traunsteiner Jahren hat Freumbichler briefliche Verbindung mit Frau Agathe Wibe (Jahrgang 1871) aus Mosjgen in Norwegen. Farald hat sie kennengelernt, als er während des Zweiten Weltkrieges dort stationiert war. Frau Wibe ist eine literarisch gebildete Frau. Sie erkennt in «Philomena Ellenhub» den Einfluß von Selma Lagerlöf und im «Jodok Fink» als Vorlage Tolstois «Auferstehung» (1942/10). Sie schickt Freumbichler Gedichte von Rilke. Freumbichler bereichern ihre Briefe: «Wenn ich mir den Inhalt ihrer Briefe vergegenwärtige, die für mich einen literarischen Schatz bedeuten, weiß ich, daß sie ein wahres Kind Gottes sind», schreibt er ihr im Jahre 1948 (1948/2).

Im Herbst 1945 werden Johannes und Anna Freumbichler von Traunstein ausgewiesen. Auch Emil Fabjan soll mit seiner Familie von Bayern weg.

Anna Freumbichler denkt daran, mit ihrem Mann nach Salzburg zu übersiedeln. «Wir haben das Hitlerre-

Das Zusammensein mit ihm entschädigte mich, sobald ich konnte, rannte ich über den Taubenmarkt und die sogenannte Schnitzelbaumerstiege hinunter zum Gaswerk und an diesem vorbei nach Ettendorf. Das dauerte eine Viertelstunde. Keuchend fiel ich meinem Großvater in die Arme. (Ki 120)

... und am Nachmittag auf den Heiligen Berg zu meinem Großvater. Höchstes Glück bedeutete für mich, auf dem Heiligen Berg zu übernachten. (Ki 125)

Das Haus, in welchem die Großeltern schon mehrere Jahre wohnten, gehörte einem Kleinlandwirt, der sechs oder sieben Kühe besaß und mit seiner gebückten, beinahe taubstummen Frau sein Anwesen bewirtschaftete. Es grenzte schon an das Paradies, die Großeltern auf einem richtigen landwirtschaftlichen Anwesen zu wissen, den Geist in der Materie sozusagen. Ich liebte den Stall und die Tiere, ich liebte die Gerüche, ich liebte die Bauersleute. Und umgekehrt. Nein, das war keine Einbildung. Ich durfte zuschauen, wenn die Kühe gemolken wurden, ich fütterte sie, ich reinigte sie, ich war Zeuge, wenn sie kalbten. Ich war beim Ackern, beim Säen, beim Ernten dabei. Im Winter durfte ich bei den Bauersleuten in ihrer Stube sein. Ich war nirgends glücklicher. Und hier, wo ich an sich schon glücklich war, lebten im ersten Stock, um das Glücksgefühl vollkommen zu machen, mein Großvater und meine Großmutter. (Ki 28)

gime immer gehaßt und leiden unschuldig.» (Zuck 1946/1). Sie hat eine beeindruckende Rede von Dr. Renner gehört, in der er sagte: «Mit Freude konnte ich wahrnehmen, daß langsam alle im Ausland lebenden Künstler wie Bildhauer, Maler, bekannte Schriftsteller wieder ihre österreichische Heimat aufsuchen und heimkehren, um ihre Werke dem österreichischen Volk zugute kommen zu lassen.» (Undat. AB – JF/20). Sie drängt Freumbichler, denn «Dein Lebenswerk ist noch nicht vollendet» (ebd.). Sie bittet Farald, in Salzburg auf das Bürgermeisteramt zu gehen, um eine Befürwortung für das Wohnungsamt zu bekommen: «Farald muß Deine literarische Staatsurkunde und das schöne Bild von Dir, das ich besitze, mitnehmen und um eine standesgemäße 2 1/2 zimmrige Villastockwohnung in näherem Umkreis der Stadt ansuchen.» (ebd.)

Nach zweiundvierzig gemeinsamen Jahren schreibt sie im Juni 1946 an Johannes Freumbichler: «Du erwecktest mich zum Leben und nahmst mich in Deine Schule. Es waren harte Jahre und schwere Steine lagen auf unserem Lebensweg . . . Möge Gott mich noch eine kurze Strecke Weges mit Dir gehen lassen, dann soll und will ich dankbar sein . . . Durch das Leben an Deiner Seite habe ich alles Glück genossen, das eine Frau wünschen kann.» (Undat. AB – JF/21).

Ich selbst haßte Samstag und Sonntag, denn an diesen beiden von mir gefürchteten Tagen war ich auf das rücksichtsloseste mit dem Elend der Meinigen konfrontiert gewesen, neun Menschen in drei Zimmern gingen sich von früh bis spät auf die Nerven und hatten, angewiesen auf die kargen Verdienstmöglichkeiten meines Vormunds allein und auf die Kochkunst meiner Mutter, fortwährend Hunger und nichts zum Anziehen, und wie ich mich erinnere, haben sie untereinander aus Kleidermangel die Schuhe und die Röcke und die Hosen getauscht, um abwechselnd als sozusagen ordentlicher Mensch auf die Straße gehen zu können, mein Großvater allein hatte das kleinste der Zimmer bewohnt, aber sein Zimmer war auch so klein gewesen, daß er sich in ihm hatte kaum umdrehen können, da hauste er, abgestoßen von seiner Umwelt, unter seinen Büchern und mit seinen unverwirklichten Ideen und saß die meiste Zeit, um das kaum mehr vorhandene Brennholz zu sparen, eingewickelt in eine alte graue Pferdedecke an seinem Schreibtisch, ohne tatsächlich arbeiten zu können. Tagelang, weiß ich, hatte er sich eingesperrt, und seine Frau, meine Großmutter, wartete auf den Schuß aus der Pistole, die er auf seinem Schreibtisch liegen hatte, am Tage auf dem Schreibtisch, in der Nacht unter seinem Kopfpolster, sie fürchtet sich vor diesem Schuß, er hatte ihr und uns allen immer wieder mit Selbstmord gedroht, er hatte kein Geld und nicht die geringste Kraft mehr, ausgehungert wie wir alle, kannte er jetzt, zwei Jahre nach Kriegsschluß, in dieser bittersten Zeit wieder, überhaupt nichts mehr als die Hoffnungslosigkeit. (Ke 92/93)

SALZBURG

Um die Mitte des Jahres 1946 kommen die Freumbichlers nach Salzburg zurück. Sie wohnen zusammen mit der Familie Fabjan und Farald, der seit Anfang 1946 geschieden ist, in der Radetzkystraße 10. Acht Personen müssen auf engstem Raum gemeinsam leben. Nur Freumbichler hat ein Zimmer für sich, denn: «Ich muß allein sein, um arbeiten zu können.» (Zuck 1946/3). Aber Zsolnay befürchtet, in absehbarer Zeit nichts herauszubringen. Freumbichler hat mehrere Manuskripte im Schrank. Dazu kommt, daß er seine Ersparnisse aus dem Absatz von «Jodok Fink» in Traunstein zurücklassen mußte, weil nur 100 RM mitgenommen werden durften (Zuck 1946/3).

Im Frühjahr 1947 nimmt Wilhelm Niemeyer (Jahrgang 1912) mit Johannes Freumbichler Verbindung auf. Niemeyer schreibt Erzählungen und Gedichte, die in Zeitschriften abgedruckt werden (Nie 1947/1). 1947 erscheint im Düsseldorf Druck Uerdingen das Gedichtbändchen «Die lieben Gesellen», 1948 «Der kleine Ring». Niemeyer wendet sich nach der Lektüre des «Jodok Fink» an Dr. Haendle vom Rainer Wunderlich Verlag um Freumbichlers Adresse. Dann schreibt er ihm am 12. März 1947: «Ich weiß und kenne nichts von Ihnen als dieses Buch. Ich werde es auch dann lieben, wenn Sie meinen Gruß nicht erwidern.» (ebd.)

Für ihn sei der «Jodok» voll Wahrheit. Zur Aufnahme dieses Romans beim Leserpublikum meint er: «Daß Sie wenig Anerkennung für ihn fanden ist kein Zeichen und

... *sie hatten nur noch ihr Unglück und die Nachkriegskatastrophe, die über sie hereingebrochen war, ohne daß sie mit dieser Nachkriegskatastrophe fertig werden konnten, sie waren nur fähig, ihre Katastrophe anzustarren, fortwährend starrten sie ihre eigene Katastrophe, die sie als Nachkriegskatastrophe bezeichneten, an und waren untätig. Sie waren schon halbverrückt vom Anstarren ihrer Katastrophe, ihrer Nachkriegskatastrophe. (Ke 68)*

Mit dem Großvater, der schon ein todkranker Mann gewesen ist, hinauf auf den Mönchsberg, stundenlang, wenn er dazu die Kraft gehabt hat, und er hatte sie nur noch selten, das rettete mich am Samstag und Sonntag zuhause. (Ke 95)

Ab und zu ging ich allein auf den Mönchsberg und legte mich da oben ins Gras und schrieb, unter einer Baumkrone sitzend, Gedichte (Ke 97)

Die Spaziergänge mit ihm waren fortwährend nicht anderes als Naturgeschichte, Philosophie, Mathematik, Geometrie, Belehrung, die glücklich machte. (Ki 82)

Der Jüngling, der beinahe schon achtzehnjährige Enkel, hatte jetzt eine viel intensivere, weil vor allem geistige Beziehung zu seinem Großvater als der Knabe, der ihm nur in Gefühlen verbunden gewesen war. Wir mußten nicht viele Worte wechseln, um uns und das Übrige zu verstehen. (A 34)

... so mein Großvater. Ich hatte das Glück, den mir liebsten Menschen in nächster Nähe zu wissen (A 22)

154

Ich bewunderte die Zähigkeit und die ununterbrochene Ausdauer und die Unermüdlichkeit meines Großvaters gegenüber allen seinen aufgeschriebenen und nichtaufgeschriebenen Gedanken, weil ich alles an ihm bewunderte, aber ich sah gleichzeitig auch die im wahrsten Sinne des Wortes entsetzliche Verrücktheit, in die sich ein Mensch wie mein Großvater verrannt haben mußte. (Ke 99)

Es hieß immer nur, er sei an seinem großen Roman, und meine Großmutter unterstrich diese immer nur flüsternd vorgetragene Bermerkung mit den Wörtern über tausend Seiten soll er lang werden. *(Ki 117)*

Es war mir vollkommen rätselhaft, wie ein Mensch sich hinsetzen und tausend Seiten schreiben kann. Schon hundert zusammengebrachte waren mir vollkommen unverständlich. Andererseits höre ich noch, wie mein Großvater sagte alles was man schreibt, ist ein Unsinn. *Also wie kann er auf die Idee kommen, Tausende Seiten Unsinn zu schreiben. Er hatte immer die unglaublichsten Ideen, aber er fühlte, daß er an diesen Ideen scheiterte. Wir scheitern alle, sagte er immer wieder. Das ist auch mein fortwährender Hauptgedanke. (Ki 117/118)*

Urteil über das Buch, lediglich über die Leute, die es nach dem Lesen gleichgültig beiseite legen.» (Nie 1947/2). Der erste Briefkontakt zwischen Niemeyer und Johannes Freumbichler dauert nicht lang, denn ab Juni 1947 ist Niemeyer als ehemaliger Sturmführer der Hitlerjugend inhaftiert (Nie 1947/3). Mit der Entlassung im März 1948 erhält er von Freumbichler wieder Nachrichten: der Arzt hat Freumbichler das Schreiben und Lesen verboten, weil «schwarze Teufelchen» und «Hexeninsekten» ihm vor den Augen tanzen. Trotz starker Sehstörungen läßt sich Freumbichler nicht von der Arbeit abbringen. Er schreibt an einer Gedichtsammlung (ca. 300 Verse) mit dem Titel «Erziehung zur Vernunft und Fröhlichkeit», «EZVUF» soll ein «Ruf an die Jugend werden» (Nie 1948/4). Die Erzählung «Montbrison» ist seit Februar 1948 fertig. Frau Johanna Hausl (Salzburg, Griesgasse 7) schreibt das Manuskript rein. Aus einem Brief von Frau Hausl geht auch hervor, daß Freumbichler ein Werk mit dem Titel «Ljubica» druckfertig hat. Ein Verlag hat sich noch nicht gefunden. (1948/1).

Im März 1948 arbeitet Freumbichler auch am Roman «Eling, das Tal der sieben Höfe». An Frau Agathe Wibe schreibt Freumbichler über dieses Projekt: «Ich stehe vor der Vollendung eines großen Romans – groß in jeder Bedeutung, wie ich hoffe – viele Bände in Maschinenschrift und es macht mich ein wenig stolz, daß ich ab 1943 trotz aller Not und Bedrängnis der Fliegerbomben ausgehalten habe und von meinem Ziel nicht um Haaresbreite abgewichen bin. Man kann bei so einem Vorwurf nur mit Fanatismus etwas ausrichten.» (1948/2).

Mein Großvater unternahm jeden Tag um drei Uhr früh
einen neuen Anlauf; Das Tal der sieben Höfe, *ein von ihm*
in drei Teilen geplantes Fünfzehnhundertseitenmanuskript, ließ
ihn schon seit vielen Jahren um drei Uhr früh den Kampf mit
dem Tode aufnehmen; zeitlebens von einer schweren Lungen-
krankheit geschwächt, hatte er es sich zur Gewohnheit gemacht,
seinen Tag schon um drei Uhr früh zu eröffnen, mit dem tödlichen
Geschäft des fanatischen Schriftstellers und Philosophen zu
eröffnen, sich in die Pferdedecke zu wickeln und einen alten
Riemen um seinen Körper zu schnallen, ich hörte ihn um drei
Uhr früh in seinem Zimmer den Kampf aufnehmen mit dem
Unmöglichen, mit der totalen Aussichtslosigkeit der Schriftstel-
lerei. Im Vorzimmer, gleich neben der Wohnungstür im Bett
liegend, verfolgte ich mit der Aufmerksamkeit des empfindsamen
und liebenden, noch nicht mit allen grausamen Vergeblichkeiten
und Hoffnungslosigkeiten vertrauten Enkels die Geräusche, die
neuerliche Überwindung der Todesangst und den immer wieder
von neuem aufgenommenen Verzweiflungskampf des von mir wie
keinen anderen geliebten Menschen, der sein sogenanntes
Hauptwerk zu Ende gebracht haben wollte. (Ke 98/99)

Normalerweise aber waren alle im Hinblick auf meinen schon
stundenlang arbeitenden Großvater so ruhig wie möglich, und sie
hätten sich auch niemals getraut, lauter zu sprechen, und sich
nicht einmal die kleinsten irritierenden Geräusche erlaubt, wir
waren alle wie auf Zehenspitzen gegangen, um den Fortgang der
Arbeit am Tal der sieben Höfe *nicht aufzuhalten. (Ke 73)*

In diesem Denkbezirk erreichen wir, was wir außerhalb niemals erreichen können, das Selbstbewußtsein und das Bewußtsein alles dessen, das ist. (A 62)

Ich hatte es ganz einfach nicht ertragen können, daß mein Großvater in das Krankenhaus gehen mußte. (A 30)

Von Zeit zu Zeit seien solche Krankheiten, tatsächlich oder nicht, wie er sich ausdrückte, notwendig, um sich jene Gedanken machen zu können, zu welchen der Mensch ohne eine solche zeitweise Krankheit nicht komme. Wenn wir nicht auf die natürlichste Weise und also von der Natur aus ganz einfach dazu gezwungen sind, in solche Denkbezirke, wie sie zweifellos solche Krankenhäuser und überhaupt Spitäler im allgemeinen sind, zu gehen, müssen wir auf die künstliche Weise solche Krankenhäuser und Spitäler aufsuchen. (A 59)

In einer dieser Baracken, so hatte ich von ihm erfahren, war mein Großvater untergebracht gewesen. Er war jetzt schon über eine Woche im Krankenhaus, und die Untersuchungen, denen er sich in dieser Zeit hatte unterziehen müssen, hatten noch kein Ergebnis gebracht. Möglicherweise sei das Ganze, so er, ein falscher Alarm gewesen, und er könne in der kürzesten Zeit wieder nach Hause gehen. Er fühle sich überhaupt nicht krank. Der Verdacht des Arztes werde sich wahrscheinlich als unbegründet herausstellen. Er rechne nur mit ein paar weiteren Tagen Krankenhausaufenthalt. (A 53/54)

1948 wird «Philomena Ellenhub» neu aufgelegt. Niemeyer bekommt ein Exemplar. Er urteilt: «. . . es ist bei Ihnen, in und unter den Worten immer die Weisheit, die durchleuchtet.» (Nic 1948/3). Freumbichler erklärt ihm: «Die Meisterschaft im Erzählen habe ich geerbt. Es ist in unserer Stube ungemein viel erzählt worden. Womit hätte man sich auch die endlosen Winterabende vertreiben sollen?». Die «Mena» sei nicht so sehr ein Roman als eine Art Chronik, «sie hat einigen Saft und Kraft in sich, um Menschen, die es hart haben im Leben, zu erfrischen. Und was kann ein Mensch Besseres tun im Leben.» (Nie 1948/4).

Im Jänner 1949 erhält Niemeyer den letzten Brief von Freumbichler. Er erfährt: «. . . aus Ihren Worten geht hervor, wie schwer für Sie das abgelaufene Jahr war und wie Sie immer noch unter mancher Mühsal zu leiden haben. Krankheit, Sanatorium, Magenleiden sind keine schönen Worte.» (Nie 1949/1).

Am 11. Februar ist Johannes Freumbichler in Salzburg gestorben.

Am 13. Oktober 1950 starb die Tochter Hertha.

1952 erscheint der Gedichtband «Rosmarin und Nelken» von Johannes Freumbichler im Verlag der Salzburger Druckerei posthum. Um die Herausgabe von «Eling» wollte sich Alice Zuckmayer bemühen (Zuck 1949/1, 1950/1).

Anna Freumbichler lebt nach dem Tod ihres Mannes in Salzburg-Gnigl, Mayerwiesweg 36. Sie starb am 1. Juli 1965.

Einen bedeutenden Satz Freumbichlers an diese Frau möchte ich an den Schluß dieses Lebensbildes setzen. Am 1. Februar 1927 schrieb er ihr:

Der Zeitpunkt, in welchem seine Ärzte festgestellt hatten, was seine Krankheit gewesen war, war für eine Heilung zu spät gewesen. Die Vermutung des Internisten, der ihn in das Krankenhaus eingewiesen hatte, war durch das Ergebnis der Untersuchungen, welchen sich mein Großvater im Krankenhaus zu unterziehen gehabt hatte, bestätigt worden. Er hätte ein halbes Jahr vorher operiert werden müssen. Zu dem Zeitpunkt, in welchem er das Krankenhaus aufgesucht hatte, war, entgegen seinen Beteuerungen, daß ihm nichts fehle, schon sein ganzer Körper vergiftet gewesen, und er ist nicht, wie ich mehrere Tage geglaubt hatte, an einer überraschend an ihm vorgenommenen Operation, sondern an seiner plötzlich, und zwar binnen weniger Tage zu Tode führenden vollkommenen Zersetzung und Vergiftung des Blutes gestorben. Er war, so mein Vormund, bis zuletzt bei Bewußtsein gewesen. Er habe nur kurze Zeit unter Schmerzen zu leiden gehabt. Sein Tod sei gegen sechs Uhr in der Früh eingetreten, zu einem Zeitpunkt, als er mit meiner Großmutter allein in seinem Zimmer gewesen sei.
(A 101/102)

Ich hatte dem Großvater zu verstehen gegeben, was es mir bedeutet hatte, in seinem Zimmer zu liegen und die Gegenstände in seinem Zimmer zu betrachten. Er werde mich nach Hause bringen und mir aus jenen Büchern in seinem Zimmer vorlesen, die ich liebte. Das hatten wir vereinbart. Er werde öfter und intensiver als bisher mit mir auf den Mönchsberg spazierengehen, auf den Kapuzinerberg, den er liebte, nach Hellbrunn hinaus, in die Salzachauen. (A 57).

«Du und Dein Wesen waren der Trost und der Reichtum meines Lebens.» (1927/23).

Die Großmutter war eine tapfere Frau gewesen, und als einzige von uns allen hatte sie so etwas wie eine ungebrochene Lebensfreude gehabt ihr ganzes Leben, das dann ziemlich elendig in einem riesigen, von dreißig oder mehr schon halb verrosteten Eisenbetten verstellten Krankenzimmer in der Salzburger Nervenheilanstalt aufgehört hat. Ich habe sie noch ein paar Tage vor ihrem Tod gesehen, zwischen den wahnsinnigen und irren und vollkommen hilflosen alten Sterbenden, zwar noch hörend, aber nicht mehr verstehend, was ich zu ihr gesagt habe, weinte sie ununterbrochen, und dieser letzte Besuch bei meiner Großmutter ist mir vielleicht die schmerzhafteste Erinnerung überhaupt. (U 133/134)

Die Schule meines Großvaters, in die ich, ich kann sagen, von meiner Geburt an, gegangen war, war abgeschlossen gewesen mit seinem Tod. Er hatte mich, indem er plötzlich tot war, aus seinem Unterricht entlassen. Es war eine Elementarschule, schließlich eine Hochschule gewesen. Ich hatte jetzt, so mein Eindruck, ein Fundament, auf welchem meine Zukunft aufgebaut werden konnte. Ein besseres Fundament hätte ich nicht haben können. (A 106/107)

Auf einen neuen Anfang, auf einen neuen Lebensanfang sollten wir uns gefaßt machen. Mein Großvater hatte von einer Zukunft gesprochen (für uns beide), wichtiger und schöner als die Vergangenheit. Es komme nur auf den Willen an, beide hätten wir den Willen, diese Zukunft zu besitzen, in höchstem Maße. Der Körper gehorche dem Geist und nicht umgekehrt. (A 34/35)

Ein Leben ohne ihn war mir lange Zeit unvorstellbar gewesen.
(A 27)

... *zehn Tage war mein Großvater auf dem Maxglaner Friedhof aufgebahrt gewesen, aber der Pfarrer von Maxglan hatte seine Bestattung verweigert, weil mein Großvater* nicht kirchlich verheiratet *gewesen war, die hinterbliebene Frau, meine Großmutter, und ihr Sohn hatten alles* Menschenmögliche *unternommen, um eine Bestattung auf dem Maxglaner Friedhof, welcher für meinen Großvater zuständig gewesen war, zu erreichen, aber seine Bestattung auf dem Maxglaner Friedhof, auf welchem bestattet zu sein mein Großvater gewünscht hatte, war nicht erlaubt worden. Und auch kein anderer Friedhof, außer dem Kommunalfriedhof, der meinem Großvater aber verhaßt gewesen war, hatte meinen Großvater aufgenommen, ..., denn meine Großmutter und ihr Sohn sind auf alle Friedhöfe gegangen und haben um die Erlaubnis gebeten, mein Großvater möge auf einem der Friedhöfe aufgenommen und bestattet werden, aber mein Großvater ist auf keinen einzigen dieser Friedhöfe aufgenommen worden,* weil er nicht kirchlich verheiratet *gewesen war. Und das im Jahre 1949! Erst als mein Onkel, sein Sohn, zum Erzbischof gegangen und diesem gesagt hatte, er werde die schon in fortgeschrittener Verwesung befindliche Leiche seines Vaters, meines Großvaters, weil sie in keinem katholischen Friedhof der Stadt angenommen worden sei, weil er ja nicht wisse, wohin mit der Leiche seines Vaters, ihm, dem Erzbischof, vor die Palasttüre legen, hatte der Erzbischof die Erlaubnis zur Bestattung meines Großvaters auf dem Maxglaner Friedhof gegeben. Ich selbst habe an diesem Begräbnis, das wahrscheinlich eines der traurigsten Begräbnisse in dieser Stadt überhaupt gewesen ist und das, wie ich weiß, mit allen nur denkbaren Peinlichkeiten in Szene gegangen war, weil ich, an einer schweren Lungenkrankheit erkrankt, im Spital gelegen war, nicht teilgenommen. Heute ist das Grab meines Großvaters ein sogenanntes Ehrengrab. (U 60/62)*

166

Zwanzig Jahre Wien waren deshalb für die Meinigen eine Ungeheuerlichkeit, weil sie vorher alle Augenblicke und alles in allem an die hundertmal den Wohnsitz gewechselt haben, wie ich weiß. (Ki 68)

Adressen von Johannes Freumbichler laut Postanschrift von 1895 bis 1949

November 1901 bis Jänner 1902: Salzburg, Gstättengasse, Stieglbräukeller, 2. Stock

Februar 1902 bis März 1902: Salzburg, Späthgasse 8/1,
Riedenburg

April 1902 bis Mitte März 1903: Altenburg, Karlstraße
6/2 (Sachsen)

Mitte März 1903 bis Juni 1903: Ilmenau, Alexanderstraße 23 (Thüringen)

Juli und August 1903: Ilmenau, Am Zeihenhaus 9/1
(Thüringen)

September 1903 bis Dezember 1903: Ilmenau, Marienstraße 14/2 (Thüringen)

Jänner 1904 bis April 1904: Basel, Hegenheimerstraße
12/2

Mai 1904 bis Herbst 1905: Basel, Gasstraße 33/3

Herbst 1905 bis September 1906: Töll bei Meran

Oktober 1906 bis Mitte Februar 1907: Partschins bei
Meran

Mitte Februar 1907 bis April 1907: München, Wolfrathshauserstraße 31/3

Mai 1907 bis Mai 1909: Meran, Lazag, Villa Rosenegg

Juni 1909 bis August 1909: Meran, Obermais, Villa
Lazag

September 1909 bis April 1911: Henndorf und München

Mai 1911 bis Oktober 1911: Forstenried bei München

November 1911 bis Mitte Februar 1912: München,
Lindenschmidtstraße 29 a/4

Mitte Februar 1912 bis Frühjahr 1913: München, Implerstraße 67/4

Frühjahr 1913: Bozen

Sommer 1913: Henndorf

September 1913 bis November 1914: Wien 13, Barchettigasse 11/8

Dezember 1914 bis Mitte Februar 1915: Wien 3, Schanzstraße 21/2

Mitte Februar 1915 bis Mitte Juli 1916: Wien 13, Flötzersteig 49/4

Mitte Juli 1916 bis Dezember 1934: Wien 16, Wernhardstraße 6/3/13 (Juli und August 1921: Kaiserleiten)

1935 bis Frühjahr 1939: Seekirchen, Wimm (Bräukeller)

Frühjahr 1939 bis Mitte 1946: Traunstein, Ettendorf 5

Mitte 1946 bis Februar 1949: Salzburg, Radetzkystraße 10

Abbildungen

Briefe

Die in Klammern stehende Briefnummer entspricht der von mir vorgenommenen Katalogisierung im Salzburger Literaturarchiv

Abkürzungen und Quellenangaben der Werke von Thomas Bernhard:

U = Thomas Bernhard: Die Ursache. Eine Andeutung.
  C 1975 Residenz Verlag, Salzburg und Wien.

Ke = Thomas Bernhard: Der Keller. Eine Entziehung.
  C 1976 Residenz Verlag, Salzburg und Wien.

A = Thomas Bernhard: Der Atem. Eine Entscheidung.
  C 1978 Residenz Verlag, Salzburg und Wien.

Ki = Thomas Bernhard: Ein Kind.
  C 1982 Residenz Verlag, Salzburg und Wien.

Der Abdruck erfolgt mit freundlicher Genehmigung des Residenz-Verlages und Thomas Bernhards.